LA
RÉPUBLIQUE
EN FRANCE

PAR

Le Comte LE SERREC DE KERVILY

AUTEUR DE *L'Époque actuelle* ET DU *Manifeste d'un Légitimiste*.

PARIS

E. DENTU, LIBRAIRE-ÉDITEUR

Galerie d'Orléans, 17-19, Palais-Royal

—

1872

LA
RÉPUBLIQUE EN FRANCE

PARIS. — TYPOGRAPHIE BALITOUT, QUESTROY ET COMPAGNIE

Rue Baillif, 7, et rue de Valois, 18.

LA

RÉPUBLIQUE

EN FRANCE

PAR

Le Comte LE SERREC DE KERVILY

AUTEUR DE L'*Époque actuelle* ET DU *Manifeste d'un Légitimiste*.

PARIS

E. DENTU, LIBRAIRE-ÉDITEUR

GALERIE D'ORLÉANS, 17-19, PALAIS-ROYAL.

—

1872

Je vois le gouffre et je crie.
Je vois le moyen de l'éviter, et je le dis.

LA

RÉPUBLIQUE EN FRANCE

I

Que demandaient surtout les communeux de Paris ?

Qu'on leur laissât la République.

Pourquoi ?

Parce que, pourvu qu'on la maintînt; ce n'était pour eux que partie remise.

Vous croyez donc qu'il n'y a pas de républicains honnêtes en France ?

Dieu me garde de le penser et de le dire; mais ce dont je suis certain, c'est que s'il y a des républicains honnêtes, il ne peut pas y avoir chez nous de république honnête en définitive ; et les républicains modérés, lorsqu'ils parviennent au pouvoir, usent et usent *en vain* leurs forces à empêcher les épouvantables effets logiques et presque mathématiques du système; car, Proudhon l'a dit; en France, il n'y a pas de République démocratique qui ne soit sociale; or, dès qu'on a entamé le monument de la société, de quel droit vient-on dire : il faut s'arrêter ici où je suis, où cela me convient? Comment surtout prétendre à faire accepter cette faible ou partielle démolition par ceux qui attendent plus bas (1)?

Les républicains honnêtes ont toujours été débordés; trois épouvantables expériences l'ont prouvé et il ne faut pas être grand prophète pour prédire qu'ils le seront encore, qu'ils le seront toujours (2). Ce ne sont que des personnalités; un état-major de théoriciens sans armée, qui ne peuvent que tenir la brèche ouverte pour les prati-

(1) Tous les ambitieux mesurent leur hauteur de situation dans la société et disent nous ne démolirons que jusque-là. Ce qui est au-dessous de nous est bien et, pour cette partie, nous nous montrerons conservateurs obstinés. Étourdis criminels qui ne voient pas qu'une fois le mauvais exemple donné, comme il y a du monde étagé depuis le haut jusqu'au bas; le même prétexte sert pour réclamer et tenter la démolition de tout l'édifice! Le peuple, qui est au rez-de-chaussée, veut renverser le monument. (*Manifeste d'un légitimiste*, p. 61.)

(2) Eux-mêmes sont de cette opinion ou du moins de cette crainte plus qu'ils ne voudraient en convenir; car, franchement, MM. Victor Lefranc, Grévy, Jules Favre, etc., etc., peuvent-i's croire que la République, une fois décrétée, resterait longtemps la leur? Ne voient-ils pas au seuil de l'Assemblée les conseils municipaux conciliateurs de la Commune n'attendant que ce décret? Déjà, ce n'étaient pas les auteurs du 4 septembre qui voulaient en fêter le premier anniversaire, c'étaient les socialistes.

ques qui, eux, la forcent avec des masses, parce qu'ils offrent aux pervertis et aux avides un appât concret, visible, tangible, la fortune d'autrui (1).

II

Pourquoi la forme républicaine est-elle fatalement condamnée à aboutir à ces excès en France? Principalement, parce qu'en notre malheureux pays, nul ne commence par se résigner à la place où le sort l'a fait naître, et n'a la patience et, je le dirai, la probité de ne chercher à la quitter que par les voies et les peines légitimes. Tout le monde est sorti de chez soi et veut entrer chez les autres. Tous nous débordons d'ambition, non de nous élever, mais de jouir, en même temps que nous nous

(1) Tous les journaux républicains conjurent la gauche, depuis les élections du 2 juillet, de se modérer. C'est lui dire : Retenez votre caractère jusqu'à ce que vos collègues et le peuple se méprenant une fois de plus, se soient encore laissés aller à adopter la République. Dès que le tour sera joué, vous lâcherez bride. Pure tactique! comme un mauvais fiancé qui refrène son caractère jusqu'à la signature du contrat. (Note A, à la fin du volume.)

Tactique et consigne! Voilà l'explication de la docilité des gardes nationales à se laisser désarmer. Si la République s'établit, ce désarmement n'est évidemment que provisoire et, alors, ce sera le tour de l'armée. Aussi, l'état actuel ne prouve t-il rien ; car il revient à dire, nous nous accommodons de la République; tant que ce n'est pas la République.

Il y a bien quelques Conseils généraux et quelques Conseils municipaux qui se sont démasqués avant le temps et le commandement, mais sans inconvénient; la France, aveugle, ne les a pas remarqués ou a fermé les yeux.

sommes amollis de paresse ; l'une s'est accrue en proportion de l'autre, de sorte qu'aujourd'hui nous trouvons plus facile et plus à notre portée de pervertir et intervertir les lois et la morale sociales que de nous élever en y obéissant. Mais ainsi, nous ne serons bientôt plus une nation, nous ne serons qu'une immense cohue de gens en rupture de position, avides et sans scrupules, n'aspirant qu'à se ruer, à l'occasion, sur la fortune publique et privée.

Lorsque les principes et le sentiment de probité sociale manquent, on n'est plus une société. L'on est une vaste exposition de produits où l'appât touche et tente continuellement le voleur et qui ne peut être protégée que par la garde.

III

Ces ré-essayeurs à outrance de République sont féroces pour leur victime. Ils ne la lâcheront pas avant son exténuation complète. Le sang-froid, l'imperturbable aplomb avec lesquels ils demandent une expérience encore, une quatrième, donnent le frisson ; mêlé à la stupéfaction que cause la résignation vraiment stupide du pays à s'y reprêter indéfiniment. C'est de la fascination, la fascination du mirage de l'état tout heureux, idéal, aussi chimérique, aussi enfantin que séduisant ; mais ici les enjôleurs rappellent ces sinistres magiciens qui composaient leurs sottes mixtures avec de l'or et de la chair humaine.

IV

La République n'est ni définie ni précisée et c'est ce qui fait la force et l'assurance de ses prôneurs et la foi imperturbable de ses adeptes. La République, c'est votre chimère idéale, la mienne, celle de tous et de chacun. Ce n'est pas une réalisation, c'est ce qui est mieux que toutes les réalisations, mieux que celles que nous avons vues ; en vérité, ce n'est pas beaucoup dire, mais mieux que celles que nous pourrons jamais voir. Quoiqu'il arrive, *ce ne sera jamais çà,* ce sera toujours à l'essai suivant. La Monarchie ? elle ne fait pas question : horreur ! le peuple propriété d'un homme ! le peuple taillable, corvéable, dîmable, cuissable et avalable à merci ! Lisez le *Siècle.* La République des communeux ? non, c'est un peu vif, mais elle a du bon, demandez à M. de Bismark. Celle de Louis Blanc ? Non. Celle de J. Favre ? Fi..... Mais laquelle donc alors ? Celle qui est mieux que tout cela vous dis-je, celle que les républicains nous promettent imperturbablement après chaque désastreuse expérience. N'en demandez pas davantage.

Tous ces républicains si divers ont, cependant, un sentiment commun, un seul, la frayeur d'un monarque qui nous sauverait, il est vrai, de leurs maléfices, mais leur enlèverait l'espoir de le remplacer par leur vilaine et décevante monnaie, car un monarque ne ferait-il qu'occuper la place pour les empêcher de s'y mettre qu'il sauverait le pays.

V

Mais un monarque légitime régnant en vertu du principe de l'hérédité royale. Tout autre rétablissement serait précaire et anarchique : précaire, parce qu'il n'aurait de force que dans une personnalité bien promptement dépouillée de son prestige, en nos jours d'irrespect et de critique éhontée, et où il est, par conséquent, si dangereux de subordonner le sort d'une institution fondamentale aux caprices et aux revirements de l'opinion à l'égard de son représentant ; anarchique, parce que dès qu'on déduit le droit d'une appréciation de la personne, tout le monde, tout membre du moins des familles princières qui ont régné sur nous peut se poser ou être posé comme prétendant.

C'est ainsi que, dès qu'on rompt le fil de ce principe d'hérédité royale, qui est le même que celui de nos transmissions civiles et qui, par conséquent, est compris et adopté de tous, on se jette dans le système électif de la pire espèce; celui dont les dates de transmission ne sont déterminées que par des révolutions et des coups d'État.

Tous les principes édificateurs de la société sont solidaires. L'irrespect du principe de l'hérédité au trône mène à l'irrespect de toutes les autres hérédités. Le mépris de la tradition politique mène au mépris de la tradition civile, de la tradition morale, de la tradition religieuse, de sorte qu'il est rigoureusement logique de dire qu'entre le socialisme, c'est-à-dire la destruction radicale de notre ordre social et les mutations fréquentes du chef de l'État il n'y a que la différence du plus au moins, du commencement à la fin et, qu'on en soit certain, si l'on ne fermait cette funeste brèche et dans le fait et dans les sentiments du peuple, ce serait le socialisme et non la bonne doctrine qui acquerrait de jour en jour des partisans.

VI

Ces lignes ont précédé les derniers événements de Paris de plus de vingt ans, car elles sont extraites de ma lettre électorale du 5 mars 1849. Je reconnais, du reste, bien volontiers qu'il n'y avait pas grand mérite à leurs prévisions. On s'était flatté de pouvoir ou de voir attaquer et ruiner isolément, par exemple, la tradition monarchique sans inconvénient pour les autres traditions ni pour l'ordre social. C'était dans un cas méconnaître la liaison organique qu'ont entre elles les diverses espèces d'institutions, l'adaptation de l'institution politique aux institutions sociales, et, dans l'autre, le but final des assaillants et leurs moyens. Ceux-ci veulent atteindre à la politique pour atteindre la Société et, au fait, la politique intérieure qu'est-elle, sinon cela? Atteindre la Société ou en bien ou en mal. De son côté, l'esprit anti-traditionnel ne se restreint pas à certaines catégories de traditions, il s'exerce contre toutes, et c'est logique; or, en France, nous cherchons à pratiquer toute notre logique. D'autres peuples peuvent rester au versant du précipice, accrochés à une inconséquence; nous, nous roulons jusqu'au fond (1).

Ainsi, c'est en vain qu'on prétendrait à faire respecter longtemps la propriété, la famille, la religion, ce triangle basique social, si l'on ne respecte pas les traditions qui en sont les enveloppes pré-

---

(1) Qu'on le nie, après avoir lu dernièrement dans un journal radical : « La bourgeoisie, à la Révolution, a exproprié la noblesse et le clergé pour cause d'utilité bourgeoise ; à notre tour d'exproprier la bourgeoisie pour cause d'utilité populaire. »

servatrices. En effet, dès qu'on déchire ces enveloppes et que l'on met à nu les institutions, elles
sont réexposées à la discussion banale, et comme
ce sont les inconvénients, les accidents particuliers, mais saillants, les abus partiels, mais criants,
qui frappent les esprits ordinaires incapables de
l'étude générale et abstraite des forces vitales
constitutives des sociétés, il est plus facile de les
déprécier que de les légitimer aux yeux du vulgaire. Comme théories, ce serait à dédaigner; mais
cela risque de devenir désastreux aux époques où
ce vulgaire peut donner pouvoir sur nous, sur la
France, au premier Vésinier ou Mottu venu.

VII

J'insisterai sur ce point, car il est capital. Puisque le succès dépend de la masse, les ambitieux
iront au plus court et au plus facile pour capter sa
faveur; ils la pervertiront. Car, on m'accordera
bien qu'elle n'a pas la science infuse, et qu'ainsi
tout dépend de l'enseignement qu'elle préférera.
On m'accordera encore que les esprits ordinaires
sont plus accessibles à l'influence des déviations
tentatrices qu'ils voient à leur entour par les yeux
du corps, et qu'ils sont enclins à transformer d'ex-
ceptions en règle; qu'à la perception sociale com-

plète, qui réduit ces accidents à leurs justes pro-
portions, et y montre une déformation du vrai
type, au lieu d'en être un perfectionnement,
comme on voudrait le faire croire. On m'accordera
que les natures ordinaires sont plus accessibles
aux doctrines de satisfaction immédiate des convoitises et des passions qu'à celles de renoncement
et de répression selon le droit et la justice; plus
accessibles aux doctrines de relâchement que de
refrènement, de déréglement que de règle. Il y
aura, sans doute, des scrupuleux avec qui il faudra
se mettre plus particulièrement en peine pour
leur persuader que le droit est du côté des sugges-
tions; mais le sophisme, lorsqu'il vient avec l'appât de la satisfaction des appétits, se fait trop vite
adopter. Et même, avec le caractère le plus ferme
dans la probité, combien d'individus ont la capacité et le loisir nécessaires pour rediscuter *ab ovo*
les bases et conditions sociales et se convaincre
par eux-mêmes de leur légitimité et nécessité? A
enseignements libres, justiciables seulement de
l'appréciation personnelle, ce sera donc le dissolvant qui triomphera. L'homme laissé et se fiant à
ses propres forces et lumières, déchoit et tombe;
c'est un axiome aussi bien de philosophie sociale
que de théologie.

On dit : ce qui était possible avec le suffrage
restreint, est devenu impossible avec le suffrage
universel. Illusion! Avec le suffrage restreint, si
l'on parvenait à corrompre, c'était un espace res-

treint du cours du fleuve de la vie sociale; avec le
le suffrage universel, on corrompt les sources mêmes. Voilà la différence. Du jour où l'on est sorti du
droit pour s'abandonner uniquement au nombre,
chacun a pu prédire qu'à moins de rebroussement,
la victoire définitive resterait au bas peuple per-
verti. Un peuple souverain livré à lui-même contre
ses endoctrineurs est irrémissiblement un condamné à mort par corruption, d'autant plus promptement qu'on sollicitera plus fréquemment l'exercice de sa souveraineté.

Théorie pure! s'écriera-t-on. Théorie déjà deux
fois réalisée, répondrai-je, à Athènes et à Rome,
dès que les institutions intermédiaires y eurent été
détruites ou avilies; théorie qui se réalisera toujours et à toutes époques dans les mêmes conditions (1).

(1) On fera de moi un ennemi du suffrage universel, parce que
je n'admets pas que le peuple soit souverain et parce que je ne
veux pas qu'on le déprave et le perde en le lui faisant croire et,
à plus forte raison, quand j'avouerai mon désir que ce suffrage
universel fût sérieux, c'est-à-dire que chaque membre ne s'y pro-
nonçât que sur des personnes qu'il est en situation de connaître et
d'apprécier par lui-même ; ce qui ne peut être que par l'abolition
du scrutin de liste, par le vote à la commune et l'élection à deux
degrés ; mais je ne sais pas si les plus incapables, surtout, ne seraient pas blessés de cette juste et raisonnable limitation de leur
rôle. En France, nous nous croyons tous égaux ; nous remplissons
dans nos cerveaux le vide de l'intelligence par de la vanité ; d'autant moins de l'une, d'autant plus de l'autre, et c'est ainsi que nous
réalisons l'égalité. — Les tout-à-fait incapables vont plus loin;
ils se croient supérieurs, car ne se doutant de rien, ils ne doutent
de rien. Nous nous plaisons à nous en faire accroire à nous-
mêmes ; nous nous moussons et nous débordons de notre capacité. Si

VIII

Il faut donc que les principes cardinaux soient protégés chez ceux qui les conservent encore, contre les atteintes des incapables, des ambitieux sans scrupule, et des dépravés par l'autorité de la tradition, qui n'est autre chose que le résumé des esprits et des moralistes (1) supérieurs de tous les temps et le fruit de l'expérience de tous les peuples à travers les siècles; et qu'à défaut de la tra-

chacun avait la conscience et la force de rentrer et de rester chez soi socialement et intellectuellement, nous serions sauvés. Un acte de juste modestie nous sauverait; la continuation de l'acte d'orgueil de plus en plus croissant et insensé que nous accomplissons depuis 89, immanquablement nous perdra. Souvenons-nous de Masaniello; c'est en même temps une personne et une personnification.

Chacun à sa place et chacun ne s'y prononçant que sur ce qu'il peut connaître, voilà la formule aussi politique que raisonnable. Nous ne l'adopterons pas.

(1) Par *Moralistes,* j'entends des commentateurs religieux; car c'est au ciel qu'est accrochée la maîtresse-chaîne de toutes nos moralités, et les athées ne sont honnêtes gens que parce qu'ils n'osent pas leurs doctrines ou y sont inconséquents; mais le nombre des timorés et des inconséquents diminue tous les jours.

Pour que la morale soit ferme, il faut, non-seulement croire à Dieu dont elle émane, mais encore à sa révélation. Il était, en effet, juste que le créateur indiquât lui-même à la créature qu'il avait organisée et animée les devoirs qu'il attendait de cette organisation et de cette âme et le but qu'il lui avait assigné. Et lui seul pouvait le faire avec parfaite et complète exactitude, dès le premier instant de l'homme. Qu'au bout d'interminables siècles nous ayons pu ou nous puissions trouver les vérités et les préceptes révélés au moyen de la raison et des leçons qu'elle tire de l'expérience et qu'ainsi nous prouvions que notre raison a en elle la capacité de les trouver; il n'en restera pas moins vrai qu'il fal-

dition, ils soient maintenus par la loi, jusqu'à ce qu'un gouvernement vraiment social et un enseignement moral les aient fait rentrer dans les opinions et les mœurs. L'hérédité des vérités acquises, qui est la tradition, est encore plus nécessaire au

lait un Dieu ou un inspiré immédiatement par lui pour les indiquer tous *à priori* et ne pas en priver totalement les premiers hommes et, en partie, leurs successeurs. Ceci, donc, au lieu d'infirmer la révélation, la confirme, au contraire, dans son existence, sa vérité et sa nécessité. La raison sanctionne la foi et la sanctionnera aussi loin qu'elle pourra la suivre.

De plus, le Créateur seul a autorité pour imposer ses lois à sa créature et obtenir sa soumission. Les hommes n'obéiront jamais, surtout si c'est pour les réfréner, à des opinions, des raisonnements, des doctrines de leurs semblables, et c'est tellement vrai que, même les législateurs du paganisme déclaraient que leurs lois venaient des dieux. La loi est divine, dit Aristote, qui était monothéiste. Essayez, en effet, de gouverner moralement les hommes en leur disant : C'est la manière de voir de Socrate, de Platon, d'Aristote, etc., etc., dans l'ancien temps; de Descartes, de Kant, Hegel, Cousin, Vacherot, des journalistes du *Siècle*, du *Temps*, des *Débats*, dans celui-ci. L'entreprise de ces journaux de ruiner chez nous le prestige de l'Église enseignante et de son Chef est insensée, s'ils n'en aperçoivent pas les conséquences; d'une monstrueuse culpabilité, s'ils les voient.

Remplacement dans nos écoles de la doctrine du Christ par les doctrines Mottu, Jourdan, Peyrat, Schérer, Lemoinne, etc., etc., pêle-mêle ou séparément, cela n'est pas tout à fait impossible. Aujourd'hui tout semble possible en France hors le bien; mais voit-on d'ici la morale que le peuple en déduirait et suivrait?

Il y avait des jours où Voltaire s'amusait à faire la bête, pour varier; et, ces jours-là, il niait Dieu, mais le lendemain il le prouvait et accablait de ses méprisantes railleries tous les Spinosa qui s'avisaient de douter de son existence. Le bourgeois voltairien en est resté à la première journée du maître; ce qui lui a fait engendrer ce fils parricide qu'on nomme le communeux. Qui pourrait le nier et s'en étonner?

Nous ne pourrons avoir et garder *les libertés nécessaires* qu'avec *les croyances nécessaires.*

maintien de la société que l'hérédité des propriétés.

Toutefois, qu'on ne s'illusionne pas. Rien ne peut suppléer longtemps les principes ; pas même la loi ; comme tendent à le croire nos politiques modernes. Contre l'attaque des ennemis sociaux ; la loi n'est qu'un obstacle temporaire, dont les jours sont comptés comme ceux d'une forteresse livrée à elle seule. On s'ingéniera à la tourner, à l'affaiblir par la dépréciation, jusqu'à dégouter de l'appliquer, jusqu'à ce qu'elle devienne impuissante ou qu'on puisse exiger son abrogation de par la victoire. Le salut de la société n'est pas dans la loi que l'on subit, mais dans celle que l'on respecte, et on ne la respecte que si l'on respecte les principes, dont toute bonne loi est la sanction. En un mot, il ne suffit pas que la loi soit un obstacle, il faut qu'elle soit aussi une autorité.

IX

On parle de la conscience, mais elle n'est sûre qu'autant qu'elle est éclairée et, précisément, par ces préceptes souverains ; car les plus grands crimes de l'histoire ont été commis en pleine sérénité de la conscience, quand ils n'ont pas même été inspirés par elle. L'anthropophage mange son ennemi en toute sécurité de sa conscience et, ce qui la troublerait, ce serait les velléités qui pourraient lui venir de l'épargner.

Le duc d'Albe, Calvin faisant brûler Servet, Robespierre, dit-on, étaient consciencieux. On a fait de
la conscience une omni-science infuse; elle n'est
pas du tout cela. C'est simplement la bonne foi
avec soi-même. Elle est, sans doute, une bonne
balance; mais, pour qu'elle suffît à tout, il faudrait que ses plateaux fussent toujours assez
grands pour contenir ce qu'on veut y peser et assez
éclairés pour qu'on y vît juste les poids. Au reste,
en politique, *les droits de la conscience,* c'est la
formule de ceux qui n'en ont pas. Les hommes de
la Commune ressortissaient de leur conscience et
s'appuyaient sur celle des bataillons de Belleville.

X

L'esprit humain est soumis à la loi des distances
dans le temps, comme la sensation, matière première sur laquelle il opère, est soumise à la loi
des distances dans l'espace. Il est surtout actuel,
et c'est pour suppléer l'impression du passé qui
s'y efface et celle de l'avenir qui lui manque, que
la providence nous a donné des traditions et des
préceptes qui le complètent et le perpétuent égal
à lui-même dans les siècles. Autrement, ne com-
prenant bien que l'immédiat, il serait le complice
de nos passions du moment, au lieu d'en être le
régent, et la vie de la société risquerait de ne se

composer que d'une journée d'orgie et d'indiges-
tion suivie d'une mort immonde au milieu du
chaos.

XI

Ce n'est pas, cependant, que, même à cette
époque où, sans nul doute, le mal ira plus loin
que jamais si l'on n'y met ordre, je croie qu'il
puisse aller jusqu'au désastre final, que nous puissions devenir tous radicalement socialistes, communistes et athées. La Providence ne s'est jamais
retirée, tout-à-fait, de la société française ; elle a
conservé et conservera encore dans la masse,
j'ai besoin de le croire, les traditions salutaires ou
leurs vestiges ; à l'état inerte ou latent pendant les
crises, c'est vrai, mais qui, même ainsi, épuisent
ou lassent les plus violentes frénésies et avec
lesquelles on reconstitue au retour du calme.
Cette masse pourrait même empêcher les révolutions de naître, si elle était énergique, mais qu'y
faire ? De sa nature, elle n'est pas militante et,
même, elle ne se défend que par la passiveté, ce
qui fait que, pouvant préserver la société de la
tempête, elle se borne à empêcher son naufrage
et c'est encore immense.

Mais si, par la contagion, tous ne meurent pas,
tous sont atteints, comme dit La Fontaine. Les
liens se relâchent, les cœurs s'attiédissent, les
croyances de toutes sortes, sur la propriété, la

famille, la religion, la patrie s'affaiblissent, s'obscurcissent ou se divisent, les désordres privés et publics augmentent et l'on perd la vigueur nécessaire pour les empêcher de s'étendre. L'on perd la vigueur d'ensemble et la vigueur individuelle. Et qu'advient-il, si un ennemi extérieur épie ce moment *psychologique,* selon le terme pédant du maître? Nous l'avons vu, nous le reverrons, à moins d'aviser.

Si, au contraire, nous comprenons les causes de nos affaiblissements et surmontons virilement nos souffrances, nous sommes sauvés, et notre salut sera venu de celui-là même qui avait juré et poursuivi notre perte. Il faut le fer chaud labourant le corps pour réveiller certaines léthargies et ranimer des forces vitales trop engourdies. Notre avenir peut être encore plus brillant que notre passé. Tel le lion malade et alangui, sous une cuisante blessure, se redresse et rebondit, plus terrible que jamais, contre le chasseur.

XII

On se vante d'avoir progressé en science sociale et politique, comme en d'autres. Je le nie avec pitié de notre fatuité. Nous n'avons progressé que dans notre assurance à le dire et peut-être, Dieu me pardonne! à le croire; mais, en tous cas, à ce fatras de science des fils, je préférerais de beaucoup un grain du bon sens des pères, de l'ancien bon sens qui, intuitivement, indiquait combien était salutaire le respect des idées-mères et des sentiments essentiels de l'humanité et de la société; de ce bon sens qui faisait dire au *Bourgeois de Paris,* opposant de 1771 : « Quoique je ne me sois jamais regardé que comme un atôme dans la société, je crois mériter d'y tenir une place distinguée *par ma fidélité inviolable à mon souverain et par mon amour à sa personne sacrée.* Les sentiments que j'ai puisés dans l'éducation et dans les livres ne s'effaceront jamais de mon cœur. Quoique ma fortune soit des plus médiocres, *par la volonté de la divine Providence,* une perspective de 100,000 écus de rente ne me fera pas abandonner un bien qui m'est cher et qu'on ne peut me ravir, à savoir l'honneur et le véritable patriotisme, *ità sentiebat civis regi et patriæ addictissimus, S. P. Hardy, syndico rei librariæ et topographiæ adjunctus, anno domini 1771.* » *Regi et patriæ;* on le voit, le roi et la patrie inséparables.

Il y a plus d'esprit politique et social dans ces quelques lignes que dans tous les écrits des libéraux désorganisateurs de notre temps et M. Aubertin, qui les cite dans la *Revue des Deux Mondes* du 1er novembre, ajoute avec raison : Quand le Bourgeois de Paris a cessé d'aimer et d'estimer Louis XV, il continue à respecter en sa personne la royauté. On ne saurait croire à quel point ce respect subsiste à défaut de l'affection trompée et découragée, *dans la masse du peuple et dans la bourgeoisie;* ni combien la France s'est obstinée à pallier les fautes du prince, à ne pas les voir, afin de ménager le prestige d'une autorité *qu'elle sentait nécessaire.*

Et nous croyons être en progrès, comme sens politique et social, sur ces générations !

Aujourd'hui, ce sont les enfants qui prétendent à régenter dédaigneusement les pères ; les écoliers, surtout les plus ineptes et les plus paresseux, qui prétendent à enseigner les professeurs ; les malades qui prétendent non-seulement à indiquer mais même à ordonner aux médecins les remèdes et la méthode pour les guérir. On appelle cela : rétablir la société sur ses bases naturelles, ô France ! ô immense Charenton !

Beaucoup poussent même la puérilité et l'insanité de leur outrecuidance jusqu'à manifester la prétention de faire partir de leur génération une ère complétement nouvelle. *Prolem sine matre creatam,* ignorant, malgré leur prétendu savoir, qu'une génération qui s'isolerait du passé serait, comme la plante déracinée, frappée de stérilité et de mort. L'arbre social est planté dans le terrain du passé et vit de ses sucs nourriciers. Quoi qu'on puisse faire et en penser, le passé est le générateur de l'avenir.

XIII

L'idée républicaine est donc dissolvante, par cela seul qu'elle est antitraditionnelle, et quand les républicains sont conservateurs, c'est affaire de complexion personnelle en inconséquence avec leur opinion. Très souvent, ce sont, au fond, des monarchistes que les circonstances ou les milieux de leurs débuts ont seuls engagés dans le chemin de la République, ou bien qui l'ont pris pour parvenir. Dans ces conditions, leur œuvre dépend de leur talent d'administration et de gouvernement de ce qui est établi (1) ; mais pour peu qu'ils y

(1) C'est pourquoi la forme gouvernementale républicaine peut être supportée et même préférée dans de *petits pays* où les bases sociales et les traditious nationales n'étant menacées ni à l'intérieur ni à l'extérieur, il ne s'agit que de la plus ou moins bonne administration de la chose publique. On peut y attendre, sans inconvénients capitaux, qu'une période fâcheuse soit remplacée par une période réparatrice ; mais, pour nous, aujourd'hui, c'est devenu une question de vie ou de mort et, en général, vouloir maintenir cette forme dans un grand pays menacé au dedans et au dehors, c'est être atteint de la folie du suicide. D'ailleurs, si ces petits États font partie d'une confédération, ils sont garantis et sauvés de leurs propres excès par le pouvoir central. C'est ainsi, du reste, qu'en France même, nous avons laissé la forme républicaine aux communes.

Pour les États-Unis d'Amérique, il y a d'autres conditions, et toutefois on peut déjà prévoir qu'ils sont, eux aussi, destinés, en passant par la démagogie, à aboutir à la monarchie ; mais despotique en réaction du despotisme populaire. A despotisme dissolvant, despotisme reconstituant, c'est fatal.

Mais, comme ils ont l'immense avantage de ne pas être pressés à leurs frontières par des voisins, c'est-à-dire des ennemis puissants, comme, au contraire, ils ont encore beaucoup d'espace libre pour s'étendre sans se gêner ; comme la profession agricole domine et dominera encore longtemps ; comme, en un mot, sur cet immense espace, la société n'aura pas besoin, d'ici à longues années, de se resserrer et de s'étager, les démolisseurs sous les constructeurs ; comme la carrière politique n'y est pas encore la plus facile et la plus courte pour faire fortune, ils peuvent avoir un grand répit (cependant New-York est bien peuplé et bien grouillant déjà), mais leur tour viendra et soit pour prévenir le

mêlent l'idée politique, ils se rendent, pour le moins, impuissants; car ils veulent un effet par des moyens qui y sont directement contraires. Tel est notamment, le cas de M. Gambetta, dont l'opinion va à l'encontre de ses propensions, qui sont conservatrices, du moins d'après ses discours.

Pour reconstituants, ils ne le sont jamais; car leur démolition n'est pas achevée, ou, si elle l'est à leur point, ils ne recouronneront pas ce qu'ils ont décapité. Ils laisseront toujours l'édifice social sans couvert, pour que les pluies dissolvantes puissent y pénétrer et en emporter le ciment.

Si, abstraction faite de l'idée politique, on entend parler du caractère fier, indépendant, large,

triomphe des démolisseurs, soit pour y mettre fin, si cela reste possible, et s'en préserver à l'avenir, on y renforcera le gouvernement central par la permanence. Les socialistes y auront d'autant plus large jeu et le gouvernement qui les combattra y sera d'autant plus rudement arbitraire que les Américains ont laissé à leurs ancêtres d'Europe le scrupule de la légalité, sans le remplacer par la moralité publique ou politique.

Les États-Unis, après avoir d'abord hésité, ont laissé passer le temps d'une monarchie libérale et ont déjà eu, une fois au moins, l'occasion de s'en repentir; car, avec elle, leur révolte du Sud n'aurait pas eu lieu. C'est, en effet, le parti qui était au pouvoir avant Lincoln, c'est un de leurs gouvernements périodiques, *le gouvernement lui-même,* qui l'avait préparée.

Les suddistes profiteront des désordres démagogiques pour se séparer de nouveau et avec plus de chances, si, toutefois, ils attendent jusque-là, car cette séparation est fatale. Il n'est pas de mon sujet d'en développer les raisons, qui, d'ailleurs, sont assez visibles.

En résumé, jusqu'à présent, il n'y a pas de similitude entre les États-Unis et nous. Ils sont en cours de libre formation, nous, depuis longtemps formés, nous sommes en état de défense à l'intérieur et à l'extérieur.

quoique vertueux ; à la bonne heure ! Mais, pourquoi, je le demande, l'appelle-t-on *caractère républicain ?* La République a bien ses trois vertus caractéristiques ; mais ce ne sont pas celles-là. Ce sont l'envie (vertu capitale, qui suffit à défaut des deux autres), le dénigrement et la défiance. Défiance des adversaires, cela serait naturel et bon avec intelligence dans une certaine mesure ; mais même, et surtout, défiance des confrères. Est-elle justifiée ? c'est possible ; mais alors, quel aveu ! En tous cas, trois vertus de désagrégation, pas une de consolidation. En termes d'école qu'ils affectionnent, trois vertus critiques, pas une affirmative. Leur vertu consiste à douter de celle des autres.

C'est une politique commode en ce qu'elle ne demande pas qu'on y mette du sien. Par exemple, les radicaux, pendant la dernière guerre, ne voulaient pas marcher contre les Prussiens, mais s'étaient réservé la rouge indignation contre les autres qui auraient fait comme eux et contre ceux qui, les attaquant de tout cœur, ne les ont pas pu vaincre. Ils ont inventé contre ceux-ci un mot : *Traîtres* ou *capitulards ;* et voilà fournie leur part de patriotisme. Un mot stupide, et c'est assez ! A mon sens, au sens français, c'est trop.

J'ai mémoire d'une opposition qui avait quelque chose de cette politique-là.

Ces trois propensions maladives des démocrates rétrécissent et dépriment les idées et le cœur au point de retirer à ceux qui en sont, depuis quelque temps, atteints, toute ampleur et hauteur de vues et de faire d'eux les plus insuffisants des hommes politiques. Il y a-t-il, en effet, dans nos républicains un seul homme d'État (1)?

L'on conçoit que de tels gens veuillent la république, car c'est la forme de gouvernement qui promet et permet l'accès du pouvoir aux médiocrités prétentieuses, et c'est bien pourquoi elle a tant de partisans. La République est un immense bureau de placement des non-valeurs politiques et sociales. Un homme médiocre passe dans la foule sans marquer; qu'il devienne prétentieux, le voilà républicain. Il faut que son gou-

(1) Le seul qui ait révélé de réelles parties d'un politique est M. Gambetta. Homme public d'une magnifique envergure, lorsqu'avec une activité surhumaine et une énergie indomptable, il organisait la France en armes, sans acception d'opinions; mais vulgaire sectaire et haïssable lorsque, d'autre part, il la désorganisait civilement, la violentait et la scandalisait par ses agents, en vue de faire sa république, ce qui lui a valu la juste et cruelle punition d'avoir été suspecté de n'avoir tant tenu à la victoire que parce qu'elle aurait profité à cette forme de gouvernement. On a traité de folie son opiniâtreté de défense et son exécration de l'ennemi. Sublime folie, qui nous aurait peut-être sauvés, s'il était parvenu à la faire partager à tous et, il y aurait réussi, excepté avec les démagogues, si ses machinations politiques n'avaient pas fini par refroidir les cœurs et faire réfléchir les têtes les plus patriotes. Là était sa folie, là et à son ingérence impérative dans les plans de campagne. On ne saura jamais pour combien les nouvelles de leurs familles inquiètes de l'avenir ont été dans le découragement des mobiles et mobilisés aux derniers temps de la lutte.

Quelques phrases de M. Gambetta ont dernièrement fait soupçonner que les vues larges et vraiment politiques qu'il manifestait n'étaient que de tactique. Ce serait dommage pour lui et pour ce que je viens d'en dire.

vernement ou *son peuple* le place et que la société
le remarque; quand même ce ne serait que par le
mal qui lui arrive de lui. On comprend à merveille
que ce soit là le régime de toutes ses prédilec-
tions.

Le véritable esprit démocratique est *ras;* c'est-
à-dire antisocial, puisqu'il n'admet pas les étage-
ments naturels et nécessaires de toute société,
moralement dès la famille, et matériellement dès
la seconde génération, si on ne la comprime pas.
De la haine des inégalités de convention, qui pouvait se comprendre, le démocrate a passé, sans
s'en apercevoir, à la haine absurde des inégalités
naturelles, et de leurs conséquences sociales. Cela
est provenu de ce que ses haines sont toujours
plus composées d'envie que de raisonnement.
L'égalité n'est pas chez nous l'égal assujétisse-
ment de tous à la même loi; c'est une prétention
insensée de la vanité. Chacun pense à s'égaliser
aux meilleurs et plus intelligents, et moins cette
égalité est vraie, plus il tient à ce qu'on la déclare
légalement; se complaisant à se donner l'illusion
que cela peut s'établir par décret. Comme l'illusion est, à chaque instant, démentie par la réalité dans les mœurs, la considération, la réussite,
les avantages, etc., etc., il crie à l'illégalité, au
favoritisme; l'envie se tourne en exaspération
et produit le démagogue.

Au reste, l'expression *égalité* est instigatrice de
ces abusements. La masse est fondée à la prendre

dans son sens ordinaire et à se figurer que la loi stipule bien l'égalité sociale. L'absurdité d'une telle interprétation et de telles prétentions dans la société, qui n'est qu'un composé d'inégalités, n'en retire pas le danger; car le peuple croit à la promesse et ne croit pas à son impossibilité; il accuse ses gouvernants de le tromper, de le frustrer, et cherche par lui-même à faire produire à l'expression tout son effet. De là, les égalitaires, les communistes, les socialistes, leurs réclamations qu'ils appellent revendications et leurs révoltes. Ne savez-vous pas, dit un de leurs écrivains dont l'intelligence, mais non le système, est bien au-dessus de cette grossière confusion; ne savez-vous pas que, d'un bout à l'autre de la société, ce cri magique d'*égalité* a retenti, qu'il a pénétré dans toutes les âmes et *qu'il a éveillé des désirs jusqu'ici inconnus?* (L. Blanc, *Organisation du travail*, p. 181.)

Sur son terrain à niveau même, l'esprit démocratique, qui est tout de personnalités, de particularités, est directement contraire à l'esprit politique, qui est tout d'ensemble et d'intérêt général. Il s'épuise en cancans, l'expression est étroite et vulgaire, mais pas plus que la chose. Il a donc été aussi exact que curieux d'avoir remarqué que les républicains sont précisément les moins aptes à gouverner la République, dont ils se sont faits les attitrés.

Ils s'acharnent sur la personne et ne comprennent pas le personnage. En ruinant l'une, qui n'a pas d'importance pour la chose publique; ils dépopularisent et ruinent l'autre, qui peut être un talent, parfois un génie salutaire pour l'État.

Le débauché Auguste fit d'excellentes lois contre la débauche et les fit observer. Notre Richelieu n'était pas un modèle de cardinal ni d'homme; mais quel politique! Aujourd'hui un journal, le scrupuleux et religieux *Siècle,* par exemple, le rendrait impossible en huit jours. Qu'il valût mieux que l'homme privé fût en accord avec l'homme public, cette maxime n'est pas neuve, elle date, au moins, de M. de la Palisse.

XIV

Il ressort de tout cela que l'école républicaine est la pire école préparatoire de gouvernement qu'il puisse y avoir. Aussi, ses élèves capables, lorsqu'ils arrivent aux affaires, pour y être bons à quelque chose, sont-ils obligés de se débarrasser de leur bagage scolaire. Leurs anciens frères, avec cet esprit de justice et de charité qui les caractérise, les appellent des traîtres, tandis qu'ils ne font que laisser de côté des doctrines contraires à la constitution, au maintien et à la régie de toute chose publique.

Pour les républicains, en effet, tout gouvernement, même le leur, est une fondation ennemie.

Dès le lendemain de son installation, ils y mettent la sape et la mine ; car, d'essence, leurs idées sont contraires, non-seulement à toute personne, mais à toute organisation établie et tendant à durer. Aucun d'eux ne se subordonne à personne ni à rien. Aussi, Proudhon, le plus logique et le plus franc d'entre eux, a-t-il dit avec vérité ; *le résultat, c'est l'anarchie* (1). Ils sont ennemis du temps et de ses effets ; mais le temps s'est vengé et se vengera d'eux en n'enregistrant à leur compte que des désastres (2).

(1) Le dicton populaire à raison : Tout le monde commande, c'est une vraie république.

(2) Cependant, tous les insoumis à la règle ne le sont pas par opinion. Pour beaucoup, la régularité est monotone et produit l'ennui, et, c'est comme secousse à leur ennui qu'ils aiment le changement. Tel est le cas d'un très grand nombre de Parisiens ; simples ennuyés, ils se font les complices, au moins passifs, des dévastateurs, pour varier. Ce n'est pas qu'ils soient moins coupables, au contraire, mais cela permet un peu plus d'espoir pour l'avenir. Pas beaucoup !

Le Parisien est avide de nouveautés audacieuses, de coups d'audace. Comme il a perdu le sens moral politique, pour lui, il n'y a plus de guerre civile, juste ou injuste ; c'est du spectacle à émotions et il a des sympathies pour les gladiateurs oseurs, pour les communeux, au moins jusqu'aux incendies et exécutions d'otages. C'est ce que me disait, le 24 mai, un garde national *de l'ordre*, surveillant la pompe avec laquelle on cherchait à éteindre le feu au ministère des finances. « Colonel, on n'est pas d'accord sur la politique ; on se bat, très bien, mais brûler les monuments et les maisons, ah ! mais non, ça ne va plus. »

XV

Mais le plus étrange encore de tous les monopoles que s'attribuent les républicains est celui de la liberté. On est vraiment stupéfié de la persistance populaire de cette légende après les expériences qui ont toutes prouvé que la seule liberté qu'ils cultivassent au pouvoir, c'était de détruire celles des autres. Non-seulement, le régime républicain n'a pas été celui de la liberté; mais bien plus, il ne le sera jamais; on peut le prédire à coup sûr, parce que, comme ses doctrines et ses projets essentiels vont au rebours du développement acquis et des tendances naturelles de la société et menacent incessamment des intérêts et des situations légitimement constituées, et plus précisément gardiennes du dépôt social; il ne saurait être librement accepté en connaissance de cause et effet, et il faudra qu'il s'impose perpétuellement. Il en est de lui pour la liberté comme il en était de V. Hugo au premier congrès de la paix à Lausanne, où il s'était prononcé énergiquement pour la paix; *après la complète destruction des ennemis!* Cette bouffonnerie ne lui est pas particulière, elle est très sérieusement le fond de leur pensée à Tous. Écoutez plutôt un de leurs grands prêtres parlant de la liberté des cultes : « Si Luther et Calvin se fussent contentés d'établir la liberté des cultes; sans rien ajouter, il n'y aurait jamais eu l'ombre d'une révolution religieuse au seizième siècle. Qu'ont-ils donc fait? Le voici, après avoir condamné les anciennes institutions religieuses, ils en ont admis d'autres sur lesquelles ils ont bâti des sociétés nouvelles, et *c'est après que les peuples ont contracté ce tempérament nouveau que la porte a été rouverte plus tard à l'ancien culte qui, par la désuétude, avait cessé de se faire craindre;* telle est la loi des grandes révolutions qui se sont établies dans le monde. C'est ainsi et non autrement que l'Angleterre, les États Scandinaves, la Hollande, la Suisse, les États-Unis et tous les peuples enfants de la Réforme ont pu contracter une âme nouvelle. Tous, sans exception, ont tenu l'ancienne religion pour ennemie ou, du moins, l'ont voilée et éloignée aussi longtemps que cela a été nécessaire pour imprimer d'autres habitudes morales, un autre esprit à la nation. *Quand enfin, le vieux culte eut perdu sa puissance* par l'oubli et par le goût des nouveautés; *alors, les États régénérés lui accordèrent une liberté qui n'avait plus de péril,* car il reparaissait en étranger, ombre atténuée de ce qu'il avait été. La nation était trop fortement engagée pour revenir à son point de départ. On rendit ses droits au vieil esprit, *quand il lui fut impossible d'en faire usage* pour ressaisir l'autorité. Voilà comment toutes les sociétés qui ont rompu avec le passé ont réussi à changer non pas seulement leurs dehors, mais leur esprit, seule révolution, à vrai dire, qui mérite ce nom. » (Edgar Quinet. *Révolution,* livre V, chap. 6).

On n'est pas plus naïf. (Note B à la fin du volume.)

Et voilà leurs libéraux! les libéraux des libéraux! Il est vrai qu'ils se tirent d'affaire à la façon des enfants : ce n'est pas moi, c'est toi; ce n'est pas nous qui sommes les absolutistes; c'est vous. Sans m'arrêter à admirer la vigueur de cette réplique et sa concordance avec l'histoire républicaine et monarchique comparées; je me bornerai à dire que je suis si peu absolutiste que, trouvât-on un génie qui, à lui seul, nous pût et sût gouverner mieux et plus libéralement que les meilleurs ministres et représentants ensemble, je conseillerais de le refuser; parce qu'à mesure qu'une nation devient plus capable et plus éclairée, elle a droit de faire participer plus de personnes au gouvernement de la chose publique, selon leurs capacités et, ce qui vaut encore mieux, étant plus sûr, selon leur indépendance, gage d'ampleur et d'impartialité, et parce que le refus d'exercice de ce droit cause des troubles et des révolutions par les ambitions non satisfaites. Dans une barque, quelqu'habile que soit le pilote; si tout l'équipage se met de l'autre bord que lui, elle chavirera. Et, en m'exprimant ainsi, je ne crois pas me trop avancer en disant que je suis l'interprète des monarchistes de France.

XVI

Immédiatement après les grandes traditions sociales universelles, viennent les traditions nationales particulières, qui sont nées de la situation, du génie, des croyances et de l'histoire de chaque pays, et qui déterminent sa mission et ses voies si strictement, qu'à en sortir il ne trouve que désastres, comme un train qui déraille.

C'est ainsi que la tradition forcée et perpétuelle de la France est, évidemment, de se garder contre les irruptions sur elle des peuples du Nord, qui toujours tendent vers le Midi (1) et de s'opposer

(1) Les pirates normands sur toutes nos côtes, l'Allemagne autrichienne, principalement sur l'Italie; l'Allemagne prussienne sur nous d'abord. Toutes nos guerres avec l'Allemagne, même celles dont nous devons prendre l'initiative par tactique, sont des guerres défensives, même celle qui aurait pour but de nous donner la frontière du Rhin, car il n'y a rien d'offensif dans l'idée de se bien clore, au contraire. Ceci n'excuse pas la folie de la dernière dans des conditions qui nous imposaient la tactique de gagner du temps; bien qu'avec l'aveugle opposition d'alors, il eut été presqu'impossible de jamais augmenter et organiser suffisamment notre armée, tous ses efforts étant à l'affaiblir et dans son nombre et dans sa discipline. Faut-il donc voir dans nos désastres, l'avertissement de Dieu favorable? Peut-être en effet, notre seul moyen de salut était-il de passer par cette épouvantable leçon, en la mettant à profit.

Nous n'aurions pu que gagner du temps, car la guerre était inévitable. Elle était dans les préméditations de la Prusse depuis plus de 20 ans et, depuis 1863, très clairement sur la route politique de M. de Bismark. Il ne nous l'aurait pas, peut-être, déclarée. C'était une habileté de sa part, grande, puisqu'elle a réussi à faire illusion à l'Europe; qui, je soupçonne pourtant, y a mis de la complaisance; mais il nous aurait, tôt ou tard, forcé à la lui déclarer. Nous l'aurions évitée en ne le tracassant pas, disent les

à leur augmentation de force et de cohésion, au point qu'une politique ·contraire est une ineptie égale au crime de haute livraison de notre nation à l'ennemi. Cette politique, je le sais, fut personnelle à l'empereur; mais aux applaudissements frénétiques des républicains seuls, à l'inconsolable consternation de tous les autres, tant il était visible qu'elle perdait la France, ou tout au moins, dans le cas le plus favorable, l'exposait aux plus éminents périls et aux plus grands efforts et sacri-

bonnes gens, et je pencherais assez à être de leur avis. Je pense, **en effet**, que nous l'eussions peut-être évitée, en le laissant, sans **souffler mot**, nous enserrer du côté de l'Espagne, puis nous prendre l'Alsace et la Lorraine pour nous murer de l'autre, puis en le laissant faire le reste, qu'on va maintenant voir venir (pas tout de suite, le boa digère), puis.....! Non ! non ! la méfiance et l'hostilité contre la Prusse étaient populaires par sûr instinct, et fini de nous le jour où elles cesseraient de l'être. Ce n'est plus un peuple, c'est l'ennemi, l'ennemi qui nous insulte au point de croire qu'une mère peut être consolable du rapt de deux de ses filles. Je **lis dans un vieux chant de guerre** :

> Concentrons-nous dans ce silence
> Qui, sans crier, crie vengeance
> De tout notre sang répandu !

Il faut ne pas se lamenter comme des femmes ; mais se souvenir et se préparer comme des hommes.

M. de Bismark, en disant que la France a toujours attaqué l'Allemagne, a émis une énorme contre-vérité historique et commis un complet contre-sens européen à l'usage des Allemands; et il a bien fait puisque cette invention de chancellerie a fait fortune chez ces gens qui se disent si instruits, qui rient, à ventre tressautant, de l'ignorance française et qui auraient raison cette fois si nous donnions dans l'histoire Bismarkienne comme eux. (Note C à la fin du volume.)

Il y a, il est vrai, une puissance dont presque toute l'histoire; depuis sa création, ne consiste qu'en attaques de l'Allemagne : c'est le royaume de Prusse.

fices pour en triompher. Aussi, serions-nous sortis victorieux de cette guerre que la responsabilité du sang versé et des milliards dépensés n'en retomberait pas moins sur Napoléon, qui, en la faisant possible, l'avait faite certaine. On pouvait trouver des excuses, des explications, des motifs à sa politique intérieure; pour sa politique extérieure, il n'y en a point. Clairement et fatalement elle ruinait notre puissance; clairement, elle était anti-française. Il serait de mauvais goût de chercher à diminuer le mérite d'un ennemi vainqueur, mais avouons que, contre nous du moins, c'est Bonaparte qui a fait Bismark, comme il avait déjà fait Cavour.

XVII

La situation climatérique moyenne, le mélange de la race méridionale romaine et plus tard italienne, avec les Celtes-Gaulois et les Francs, qui a produit le Français, ont donné à notre génie national, à la fois, la vivacité, la lucidité et la fermeté; et cette imagination si nette qu'on peut la dire un prolongement du raisonnement et qu'elle monte jusqu'au ciel plus brillamment, mais aussi sûrement que lui.

A cela est venu s'ajouter le catholicisme qui en prescrivant l'idéalisation de la vie, le renoncement, le sacrifice au point de vue religieux, a inspiré le dévouement et la générosité au point de vue social, et dont la charité introduite dans la politique a constitué notre humanité, notre affectuosité et notre influence d'assimilation.

C'est cet ensemble privilégié qui a donné à la civilisation française son ampleur et sa supériorité, tellement incontestable, qu'on a pu dire d'elle avec vérité : *Gesta Dei per Francos.*

Il n'y a pas de fatuité, il n'y a que de la triste consolation et d'indicibles regrets à le rappeler aujourd'hui dans nos malheurs et notre décadence.

XVIII

Pour préserver et défendre ce magnifique foyer d'émanations chaleureuses et vivifiantes sur l'humanité, l'unité de foi, qui concentrait les âmes, était une bien plus grande force que l'unité d'organisation administrative qui concentre les corps, souvent sans les volontés, ou, ce qui est pire, avec des volontés divergentes (1). Les deux unités réunies nous rendraient inébranlables.

XIX

Mais le génie français a été sophistiqué et affaibli, depuis près d'un siècle, par les éléments de dissolution qu'y ont introduits de nombreux étran-

---

(1) L'unité de foi donne les bataillons de Charette; le mépris de la foi les bataillons de Flourens.

gers naturalisés et, pour ma part, au point de vue de la force et de la gloire de ma patrie; je ne les remercierai certainement pas de la préférence qu'ils lui ont donnée sur leur propre pays, et d'autant moins que, le plus souvent, la préférence a été plus d'intérêt ou de nécessité que d'attraction. En effet, nous n'avons recruté, en grande majorité, que des ouvriers de révolutions, des rêveurs d'utopies qui, conspués ou tracassés dans leurs pays, ont trouvé l'accueil proverbial dans le nôtre, et, enfin, de très honorables industriels, mais protestants. Or, le protestantisme actuel (1), religion du libre exa-

(1) Je dis protestantisme *actuel,* car personne de plus étroitement et despotiquement autoritaire que ses fondateurs Luther et Calvin; mais il fallut que leur infatuation fût poussée jusqu'à la folie, pour qu'ils pussent croire qu'on respecterait leur œuvre personnelle, à eux qui n'avaient pas respecté celle de tant d'autorités collectives interprétant identiquement l'Evangile pendant quatorze siècles; même à ne parler qu'au point de vue humain, le seul sous lequel j'aie à envisager les religions dans cet ouvrage. Pourquoi, en effet, si l'on s'est insurgé contre une autorité si ample et si ancienne, subir l'autorité à base si étroite d'une personne ou de personne ? Comment, par exemple, dès qu'un individu a jugé à propos de rejeter un mystère sacrementaire ne pas prévoir qu'un autre en rejettera un second et que d'autres les rejetteront tous ? Le libre examen était donc en germe fatal dans l'acte des deux réformateurs; bien qu'ils ne l'y vissent point et qu'ils en fussent même les plus terribles et déterminés adversaires. Non-seulement, la liberté d'examiner; mais la liberté de ne pas examiner du tout, car l'individu a été fait arbitre discrétionnaire; dès qu'une personne quelconque a osé et a pu se substituer à une institution; et c'est en vain que des morceaux détachés de la grande église on a voulu constituer des églises particulières, l'église Anglicane, l'église Prussienne; elles se sont disloquées, se disloquent et se disloqueront chaque jour davantage, jusqu'à émiettement.

M. de Bismark pousse, en ce moment, à former un catholicisme

men individuel ou, plus exactement de la libre interprétation individuelle, doit aboutir à l'individualisation de la croyance et, en définitive, à son anéantissement, ce qui sera plus commode encore (1); mais chemin faisant, c'est un dissolvant de tout ensemble et portant cet esprit dans la politique; les protestants néo-français désagrégent l'édifice où ils sont venus se loger, se disent libéraux et ne le sont réellement que de notre amour-propre national, un si bel élément de force, et de nos traditions, auxquelles rien ne les rattache; qu'ils traitent de préjugés arriérés et qu'ils s'efforcent de faire mépriser et abandonner par nous autres vieux Français; ce à quoi ils ne réussissent que trop, à la honte de notre perspi-

Allemand (Note D à la fin du volume), et ce serait pour lui une grande force, s'il y réussissait; mais il n'y réussira pas. Toute église nationale compacte double, effectivement, la force du peuple qui y croît; parce que c'est une des formes de son patriotisme. Il en est ainsi de la religion Russe; mais, il n'en peut être de même dans un pays en proie au protestantisme. Là, c'est ou catholicisme Romain ou libre examen, c'est-à-dire éparpillement et affaiblissement, au lieu de renfort. Ne pouvant pas limiter la scission, il ne peut constituer l'unité de confession et, ce qui seul compte pour composer une force d'ensemble, l'unité de foi.

L'Europe marche à une affreuse désagrégation de toute institution et de toute force collective, à un chaos, et si la société peut y être reconstituée, ce sera par le catholicisme, aucune autre religion n'ayant de faculté reconstitutive. A elle donc est attaché le sort de l'humanité, même dans ce monde.

(1) J'ai dit que le Français pratique toute sa logique et ne reste pas accroché à une inconséquence. Aussi, ceux qui, chez nous, ont quitté le catholicisme, n'ont pas fait étape chez les protestants; ils sont allés, tout d'une traite, à leur destination; s'établir chez M. l'Athée ou madame la Raison.

cacité et à l'affaissement de notre patrie (1).

L'assurance qu'ils se sont donnée de la certitude de l'interprétation individuelle des livres saints, transportée dans les choses de la politique, produit nécessairement l'infatuation personnelle et vient en aide à cette doctrine de l'aptitude de tous à tout, qui méconnaît la hiérarchie intellectuelle de la société, nous gonfle de vent et nous fait éclater en innombrables vanités théoriques. Ce n'est rien de décider, de trancher; il faut résoudre, et pour cela il faut avoir de la retenue personnelle et du respect pour les autorités antérieures.

XX

Ils ont substitué à l'idée française l'idée humanitaire comme plus large (tellement large en effet, qu'elle manque de fond), et ce sont principalement eux et leurs journaux qui ont prôné cette doctrine émolliente de la *confraternité des peuples,*

(1) On aura beau faire, on ne trouvera pas d'autres éléments de force nationale que des croyances ou des passions spéciales à la nation, même indépendamment de leur justice et bonté. Nos républicains de 93 constituaient une immense force par l'enthousiasme et le robuste orgueil de leur création et par leur ambition de la régénération du monde au moyen de leur idée française. Dès qu'ils sont devenus cosmopolites, internationaux, universaux, ils se sont dissous dans le pataugeage général et, aujourd'hui, sont un grand affaiblissement de leur patrie; même dans leur système gouvernemental. Son patriotisme fervent et exclusif comme tout vrai patriotisme doit l'être, sauvera M. Gambetta des divagations cosmopolites de son parti; sa lettre au congrès de Lausanne l'atteste, mais il en perd son armée.

en conformité de laquelle on nous a vus offrir à la ronde, surtout aux Prussiens, des baisers de paix qu'on dédaignait à grands éclats de rire. Bismark seul ne les repoussait pas si ostensiblement; il nous y encourageait, au contraire, voyant combien ces niaiseries nous affaiblissaient et il ne se trompait pas. Qui a pu calculer l'effet sur la discipline et l'énergie de nos soldats, surtout sur nos improvisés, d'axiômes comme ceux-ci : C'est un malentendu des peuples. Les peuples ne demandent pas mieux que de se tendre la main. Pourquoi s'entre-tueraient-ils pour les ambitions et intérêts personnels de deux ou trois individus qui les exploitent et les oppriment, etc., etc. Je sais bien que ces journaux, une fois la guerre déclarée ou, plus exactement, une fois leur République installée, ont prêché à outrance la défense; mais c'était, de leur part, tomber dans une autre naïveté aussi grande de croire que les soldats les imiteraient dans leur soudaine volte-face et oublieraient dans leurs souffrances l'endoctrinement qui leur fournissait de si beaux prétextes pour s'y soustraire.

Ces profonds politiques, selon leur système, ont voulu séparer le roi de Prusse et M. de Bismark du peuple Allemand; ne voyant pas cette évidence qu'ils ne sont que les représentants atténués des âpres appétits, de la brutalité native et de la lourde ou pédante suffisance de leur race. Chaque soldat l'a prouvé chez nous, à qui mieux. L'Allemand a déliré de joie quand il a appris l'inutile bombardement de Paris, et tout Berlin a illuminé.

Entre peuples, bien plus encore qu'entre souverains, il ne peut y avoir de véritable et durable qu'une paix basée sur le respect et sur une force suffisante pour l'imposer de nouveau, si l'on venait à y manquer. Toutes autres tentatives de pacification internationale sont des utopies trop niaises pour être même intéressantes eu égard à l'intention et qui, loin d'être en tous cas innocentes, peuvent devenir des machines à duperie aussi funestes que ridicules pour la nation qui s'y laisserait prendre.

Même l'enchevêtrement des liens d'intérêts matériels, bien plus sérieux, ne suffirait pas à ce but, et la direction de l'avenir appartiendra à la nation qui s'en laissera le moins entraver et amollir et qui conservera la force et la volonté de s'en délier pour des motifs supérieurs. Et ce sera justice, car l'empâtement dans le bien-être matériel ne serait pas un progrès pour l'humanité, ce serait son asphyxie, comme celle des abeilles dans leur miel (1).

(1) Au reste, les endoctrineurs matérialistes ont engendré (sans s'en douter, comme il arrive presque toujours à ces fanfarons de perspicacité et de logique) deux groupes de frères parfaitement ennemis. Les Jouisseurs terrestres, et les socialistes, pour troubler et bouleverser leurs jouissances. Dans une société réduite à ces deux groupes, ce serait, incontestablement, le second qui triompherait et il n'y aurait pas de mal à cela, au contraire; car, pour peu qu'il vaille, il vaut mieux que l'autre et il y aurait plus d'espoir de reconstitution sociale avec de virils ouvriers dévoyés, souvent parce qu'ils ont été lésés, qu'avec des repus avachis.

S'il y a beaucoup de naïveté chez les uto-
pistes sincères, il y a bien pis que cela chez ces
politiques, qui donneraient la ruine et l'avilisse-
ment de leur patrie pour prix de la ruine des rois
et du triomphe de la forme gouvernementale où
ils espèrent trouver place (1), ce n'est pas que je
ne croie qu'effectivement leur République abouti-
rait vite à la paix avec tout le monde. La Grèce,
pendant de longs siècles est restée en paix avec la
Turquie.

XXI

De ces conditions de la France, il ressort encore
que son type de gouvernement est la monarchie,
et cela est si vrai et si instinctivement senti que,
même sous la forme républicaine que les révolutions lui ont, par intervalles, imposée, elle a obs-
tinément tendu à la personnification du pouvoir
et, pour se débarrasser de la République intruse,
elle a investi ou laissé s'investir cette personnifi-

(1) Dans le livre de M. Bronislas Wolowsky, intitulé *Dombrowsky
et Versailles,* on lit que des radicaux français n'étaient nullement
attristés des désastres de notre armée active au commencement
de la guerre; qu'ils désiraient même qu'ils continuassent jusqu'à
l'entière destruction de cette armée, pour que la réparation fût
laissée à la garde nationale, au peuple armé. Le système des bataillons de Belleville était, on le voit, prémédité depuis longtemps.
En cela, qui l'emporte; la bêtise ou le hideux? (Note E à la fin
du volume.)

cation d'une puissance dictatoriale discrétionnaire, bien autrement absolue que celle d'un monarque régulier. Elle subit tout, pourvu qu'on
arrive à ce résultat et ne se tranquillise qu'alors
qu'il est obtenu. Ainsi, même à ne parler qu'au
point de vue du fait, voulez-vous donner au pays
cette confiance dans l'ordre et sa durée, qu'il désire fiévreusement, rendez-lui la monarchie. Si
peu stable qu'elle pût éventuellement être encore
pour notre malheur et par notre folie, elle le sera
toujours bien plus et dans de bien meilleures conditions sociales que la République.

La monarchie, sans doute, n'est pas de droit
primordial, mais elle est de droit national, en ce
sens qu'elle seule chez nous protége efficacement
ces droits primordiaux, tant sociaux universels
que spéciaux à notre pays, et ainsi lui est aussi nécessaire qu'eux.

L'institution qui peut nous sauver et nous
maintenir est incontestablement et foncièrement
de droit.

La monarchie de la France n'est pas une théorie
générale appliquée, elle est sortie de son propre
sein, engendrée et façonnée par les nécessités de
sa position et de son histoire, par ses mœurs et
son génie. C'est une fille à l'image de sa mère ;
émue de toutes ses émotions, triste de toutes ses
tristesses ; joyeuse de toutes ses joies ; humiliée de
toutes ses humiliations et lui ressemblant jusque
. dans ses préjugés, ce qui n'est pas toujours un mal.

La monarchie seule est française; la République est une étrangère (on s'en' aperçoit bien), grecque ou romaine (1), qui ne va ni à nos goûts ni à nos besoins et que nous ne nous assimilerons jamais.

Nous avons parcouru le cycle des essais ; avec quel profit et quelle gloire! nous l'avons vu : et nous voilà revenus à notre création nationale sous peine de mort.

XXII

Que le monarque national obtienne ensuite la consécration religieuse et puisse s'attirer et attirer sur nous les grâces de Dieu ; je n'y vois, en vérité, aucun mal, tout au contraire. Nous avons tant gagné à nous en passer et à en rire! et que nos esprits forts nous ont mené haut et loin avec les seuls moyens de leurs cervelles (2)!

Il n'y a qu'à gagner à ajouter ce qu'on appelle le

(1) En 93, en effet, on ne pensait pas aux Etats-Unis, à peine nés, ni à la Suisse qui, du reste, formait alors une fédération d'oligarchies plutôt qu'une république comme l'entendaient les Jacobins, et c'est tellement vrai que ceux-ci, loin de l'imiter, ont voulu la détruire.

(2) La formule par la *grâce de Dieu,* est une formule de modestie. Il est vrai que des républicains ne pouvaient pas l'interpréter ainsi. Des Rois aussi modestes qu'ils le sont peu; c'était invraisemblable. Le Roi y disait qu'il devait son trône, non à son mérite personnel, mais à la grâce de Dieu, qui l'avait fait naître dans la famille régnante. Cela n'empêchait pas l'existence de ce mérite personnel, comme la France l'a vu souvent pour sa formation, sa grandeur et sa dignité.

droit divin au droit national ; mais l'Église n'a jamais nommé ni imposé le monarque ; elle n'a fait que l'appuyer de sa sanction, *lorsqu'il la lui a demandée,* et ceux qui n'ont pas été sacrés ont été reconnus aussi bien que les autres par les papes. Cette simple remarque historique fait crouler tout l'échafaudage inventé par nos soi-disant libéraux sous le nom de monarchie de *droit divin* et qui a eu chez nous un si grand succès de moquerie, par cela seul qu'on y opposait l'œuvre supposée de Dieu, souverain du ciel, à l'œuvre du peuple, souverain de la terre, qui l'avait renversée et conspuée. Le peuple vainqueur de Dieu ! ô Mottu ! ô Vallès ! voilà votre jour de naissance.

Tous les vrais droits sont des *droits divins,* puisqu'ils émanent soit directement soit par dérivation, du sein de Dieu sur l'humanité et notre droit national est certes, en ce sens, *droit divin ;* mais comme cette expression n'est pas une caractéristique spéciale de la monarchie et qu'on en a abusé ; il vaudrait mieux s'en abstenir.

On dit que les Bourbons ont des droits sur nous, il serait plus exact de dire que nous avons des droits sur eux pour notre salut.

XXIII

La monarchie française est moulée sur la France, mais ce type de gouvernement ne lui est pas spécial ; car il est celui de toutes les grandes sociétés réunies en corps de nation, qui ont atteint leur entier développement, et les personnes qui soutiennent que la République est le gouvernement définitif des peuples éclairés, commettent une inversion complète ; au témoignage de l'histoire et de la raison. L'histoire nous montre, en effet, les peuples primitifs, les sauvages, peu nombreux et, encore, sans grandes inégalités d'aucune sorte, ne formant qu'une couche sociale ; vivant, en particulier, librement sous la direction du père de famille, mais gouvernés, à l'occasion, pour les intérêts communs, par des décisions prises en assemblée générale et plus souvent, dans un conseil des anciens, des patriarches, c'est-à-dire formant une République ou populaire ou aristocratique, dans le vrai sens du mot, et ne se nommant un chef unique que pour et durant les entreprises de guerre et de migration. Cela était rationnel et suffisant. Mais quand un peuple a multiplié, et après s'être étendu sur un vaste espace, s'y est fixé ou y a été fixé à demeure, quand par les conséquences du mouvement naturel de la société dans le temps, elle s'est étagée et diversifiée d'intérêts ; il y a à laisser le gouvernement ou l'influence gouvernementale dans une couche quelconque, d'énormes inconvénients et périls pour toutes les autres. Il est donc indiqué alors d'installer un pouvoir supérieur, hors de pair et de parti, planant au-dessus du tout, servant de point de convergence et de lien à tous ces intérêts divers et en composant la force, la gloire et la fortune communes, en un mot : *la Nation;* maintenant dans leurs justes droits toutes les classes et les y protégeant; spécialement le peuple, plus exposé à l'oppression, à l'exploitation et aux dénis de justice. C'est par cette aide et cette sollicitude aux plus faibles que l'égalité s'établit entre tous et, non-seulement, le souverain les doit à cette classe, mais il doit de plus y faire tenir ouvertes aux méritants les voies pour en sortir en s'élevant. Le monarque a toujours été le recours du peuple lésé. Dans la machine politique, c'est à lui qu'il est le plus utile et ce n'est qu'en perdant le sens qu'il a pu le croire son ennemi de situation. Même des abominables tyrans de Rome, ce n'était pas le peuple qui était victime.

Il y en a, sans doute, qui manquent aux devoirs de leur rôle (chez nous la plupart les ont remplis avec affection, plusieurs les ont négligés, aucun n'y a été contraire), mais cela ne prouve pas contre l'institution. Parce qu'il y a eu des juges prévaricateurs, n'en faut-il plus? Mais ceux-là on les change! et s'il y a plus d'inconvénient encore à changer un monarque qu'à supporter son mauvais règne? et c'est le cas.

Comme ces intérêts et ces besoins de la nation sont continus, leur pouvoir protecteur doit être continu aussi, et il y a toujours graves dommages et parfois péril de mort à l'interrompre, à l'altérer ou à le mettre en question. De là la monarchie héréditaire et à transmission fixée légitimement, c'est-à-dire par le mode pris dans l'intimité de la nature humaine et de la loi civile.

Si cette continuité et fixation sont nécessaires pour la préservation et la prospérité intérieures, combien plus rigoureusement encore le sont-elles pour l'extérieur, quand on y est pressé et épié par des ambitions, des convoitises, des jalousies ou des haines nationales. Rappelons-nous la Pologne.

Les idéalistes de tous les temps, les bâtisseurs de sociétés en l'air, ayant pris cette bonté de circonstance de la forme républicaine pour une bonté absolue, conseillent d'y faire revenir toutes les nations; mais autre chose, tout-à-fait autre chose, est de couvrir un peuple du vêtement de son âge ou de le mutiler pour l'y faire rentrer après qu'il a atteint sa croissance. La première est raison, la seconde crime.

Je ne crois pas à l'intention criminelle chez la plupart de ceux qui parlent d'un gouvernement à renouvellements périodiques; de la République; pour les sociétés adultes ayant acquis leur forme définitive; c'est qu'ils ont perdu le fil politique, qu'ils en sont à tâtonner, qu'ils voudraient des essais; mais que le sang, l'or, la tranquillité, le destin de la nation fissent les frais de leurs expériences.

XXIV

A notre époque, dans le terrain social actuel et avec notre éducation, la nature ne peut plus produire ou mener à bout des princes foncièrement et intentionnellement pervers. Il ne pousse plus de monstres et, par impossible, cela arriverait-il, qu'ils ne pourraient entamer la société. Une tyrannie de fantaisies vicieuses et de bon plaisir personnel est irréalisable, et un monarque, quel que fût son caractère privé, ne pourrait être absolu que politiquement, de l'assentiment exprimé ou tacite de la majorité du pays et dans de certaines limites de temps, de puissance et d'objet; que d'un absolutisme légal ou tôt légalisé, et ainsi, s'il y a tort, ce n'est pas du côté du prince. Donc, d'une part, les monarques ne veulent ni, le voulant, ne pourraient être aussi malfaisants que, parfois, dans le passé; et de l'autre les inconvénients de leur remplacement sont pires que jamais.

Mais, me dira-t-on, si on se livre au hasard de l'hérédité, le monarque peut être un homme médiocre. Ah! tant mieux, suis-je sur le point de m'écrier; Dieu nous garde des génies! Il en faut parfois pour retirer une nation d'une situation désastreuse; mais il est bien plus sage et plus sûr de se préserver de l'éventualité de ces situations que de

compter sur des intelligences exceptionnelles pour
en sauver. De plus, ces intelligences exceptionnelles ont de la tendance à devenir excessives et
à rompre la juste pondération de l'organisation
humaine; elles affolent et courent à des témérités
qui les engloutissent, mais en engloutissant avec
elles les nations qu'elles avaient une première fois
sauvées. Pas plus que tenter Dieu, il ne faut tenter les facultés dont il nous a doués, les surme-
ner. Ce Dieu ne serait pas juste, si le gouvernement des nations exigeait toujours des génies; car
leur apparition n'est pas continue, tandis que la
vie d'une nation doit l'être. Aussi n'en est-il pas
ainsi; pour le courant, ce qu'il faut dans un monarque, c'est un esprit conservateur et préserva-
teur de ce qui existe, sa devise doit être celle de
la Hollande : *Je maintiendrai,* voilà le nécessaire,
le reste n'est que surcroît. C'est le *minimum,* mais
le *sufficientem* et il est toujours réalisable, parce
qu'il y faut, plutôt que des facultés transcendan-
tes, un sens droit et froid, de la fermeté dans le
caractère, de la suite et de la conséquence dans
l'esprit et les actes, et par-dessus tout le respect
des traditions sociales et de nos traditions nationales qui, étant une formation et un héritage de
famille des Bourbons, se sont incarnées en eux. Il
n'y a pas de combinaisons d'institutions ni de bar-
rières constitutionnelles qui vaillent cela; car, dans
cette position prédominante, toute prescription
devient bientôt vaine contre celui qui la désap-

prouve, tandis qu'elle est presque superflue pour celui qui est imbu de ses principes.

Pour l'extérieur, du reste, on sera obligé de laisser au souverain une grande marge, bien que ses erreurs personnelles puissent y aller jusqu'à être désastreuses. Nous l'avons vu. Mais les Bourbons ont encore là, dans leurs traditions, des guides et des garde-fous. Ces garde-fous existaient bien sous Napoléon III; mais n'étant ni son œuvre ni celle des siens, il les a dédaignés et a sauté par-dessus dans l'abîme.

Il n'y a que des souverains de circonstance qui soient obligés à être aventureux; car leurs seuls titres sont la mission qu'ils se sont donnée et le but qu'ils se chargent d'atteindre. Ce sont des entrepreneurs à forfait; mais quelque foncièrement désintéressées d'eux que se croient les nations, elles sont entraînées, au-delà du contrat, dans leurs désastres et c'est justice, car elles auraient bénéficié du succès. Le monarque national, le produit du terroir, dont la nation est le patrimoine politique ne le joue pas ainsi au risque-tout. Si, par privilége de Dieu favorable, il a une capacité exceptionnelle, il est apte à combiner toutes choses, de manière à faire faire à sa nation un pas en avant dans le sens de ses intérêts, de ses traditions et de sa destinée ou à mener à bien une réforme juste et avantageuse; il sera sans doute bon qu'il l'entreprenne, mais il y a énorme imprudence à une nation et à un roi de s'en faire *une idée fixe,* parce qu'ils risquent de succomber témérairement à son obsession.

Dans l'état général des esprits, ce que je crains n'est pas qu'on laisse trop de jeu à l'influence du monarque, c'est, au contraire, qu'on lui retire presque tout espace, ce qui serait une grande faute, parce qu'il est évident que ce n'est pas de son côté que viendront les atteintes à l'ordre et à ses institutions préservatrices et que, de la liberté ou de sa juste et indispensable limitation, on sait qui, de nos jours, menace de rompre l'équilibre.

Pour juger les révolutions, il faut considérer non ce qui les précède, mais ce qui les suit. La révolution française, non-seulement ne nous a pas donné la liberté, mais elle l'a empêchée et l'empêche encore. C'est d'elle, en effet, que date cette invention stupide de l'antagonisme de la nation et du roi; de la nation et du gouvernement que, depuis lors, l'esprit français regarde comme un ennemi, auquel il faut, autant qu'on peut, couper les vivres et dont il faut subir la loi servilement dès qu'il est le plus fort, tout en le minant sournoisement, en attendant la possibilité de l'attaque ouverte.

Tous les gouvernements, il faut leur rendre cette justice, hors celui de Napoléon Ier qui était perspicace et ne se laissait pas attendrir, ont eu des tendances à accorder et augmenter les libertés; mais comment ne pas y renoncer en entendant les révolutionnaires dire que c'étaient des armes

qu'on *leur restituait contre les restituteurs*, et en
les voyant effectivement en faire cet usage? Jusqu'au jour où cette notion à l'envers ne se sera pas
redressée dans nos têtes, nous ne serons pas libres, nous ne serons pas gouvernés, mais désor-
ganisés et assujettis tour à tour; et, de fait,
nous serons ingouvernables.

XXV

Mais une génération ne peut stipuler que pour
elle-même et n'a pas le droit d'engager l'avenir.
C'est le profond axiome moderne (note F, à la fin
du volume); mais qu'est-ce à dire? Les codes, les
décisions de justice, les héritages, les testaments,
les constitutions de familles, les emprunts d'État
ou autres, etc., etc., n'engageraient-ils que ceux
qui les ont faits ou contractés? C'est un complet
contre-sens de la réalité. Nous engageons toujours,
au contraire, indéfiniment l'avenir dans les actes
généraux et les actes particuliers, et même dans
ceux dont les suites dépendent de notre volonté, à
moins d'expresse énonciation contraire. Dès que
nous avons un enfant nous prenons une place et
des droits dans l'avenir jusqu'à extinction de la famille. Dès que nous bâtissons une maison, nous
prenons place dans l'espace jusqu'à sa chute et,

même après, le terrain nous reste. Si nous nous ruinons, nous ruinons à toujours nos descendants, pour ce qui est de notre fait. Si nous les enrichissons, c'est pour toujours, à moins qu'ils n'en disposent autrement. Dès que nous établissons une charge, nous engageons l'avenir jusqu'à ce qu'on s'en soit libéré, si elle est libérable; car il est à remarquer que ce sont plus encore les charges que les bénéfices que nous imposons indéfiniment à l'avenir. On est maître, en effet, de se débarrasser d'un héritage libre, on ne l'est pas de se débarrasser des servitudes. Nous bâtissons, nous engendrons, nous légiférons à terme indéfini. En un mot, dans toutes nos œuvres nous visons à nous emparer de l'avenir.

Les lois avec lesquelles Dieu a formé l'humanité ont constitué à jamais pour elle la vérité et la justice. L'homme, dont la raison est une réduction partielle des raisons de Dieu, présume qu'il reste dans cette vérité et justice quand il l'exerce, sans préoccupation particulière, pour remplir l'œuvre de Dieu ou y constituer secondairement (1). Tel est le motif de la pérennité qu'il attribue aussi à ses décisions et créations. Sur ces présomptions de certitude se base tout le mouvement humain, sous peine d'immoralité et d'effondrement.

____

(1) Dieu, ai-je dit dans mon *Manifeste d'un légitimiste* (page 22, note sur Montesquieu), a tracé l'esquisse dans le cadre terrestre et a laissé à l'homme à le remplir d'après ses indications et sa méthode.

Les décisions et constitutions humaines n'ont sans doute pas toute cette pérennité que nous leur attribuons et que nous croyons exister en elles quand nous les établissons. Le temps leur réserve des crises dans lesquelles souvent elles succombent; mais si, de nous-mêmes, nous leur assignons un terme, dès l'abord, nous y mettons cette crise qui n'était qu'éventuelle; dès l'abord, nous leur retirons autorité et confiance; dès l'abord, dépréciées et contestées, elles n'arrivent même pas à ce terme restreint assigné. Il faut donc que l'homme décide et établisse à toujours. Il n'est pas responsable des cas de force majeure et ne pouvant prévoir si, comment ni quand ils surviendront, il ne peut en garantir.

Au reste, les bonnes institutions revivent, et d'après les mêmes principes, les mêmes règles, sinon sur les mêmes plans, ce qui justifie la prétention humaine à la perpétuité. Si elles ne revivaient pas, ce serait la fin de l'humanité annoncée par les Écritures, le ténébreux carnage, puis l'immonde et irrémédiable décomposition dont Dieu retirerait à lui un petit nombre d'élus, les derniers.

Ce privilége de l'homme d'engager indéfiniment l'avenir n'est pas du tout gratuit, il est à charge d'une responsabilité terrible, à terme indéfini aussi, à travers les siècles, responsabilité sanctionnée déjà visiblement dans ce monde par les conséquences produites sur les descendants contemporains et, dans l'éternité, par la justice de Dieu.

C'est la plus grande propulsion qu'il y ait sur l'homme pour le pousser à la conscience, à la moralité et au sérieux dans ses actes; et c'est pour se décharger de ces scrupules et de ces soins que les hommes de notre génération ne veulent stipuler qu'à court terme, mais vainement; car, bon gré mal gré, il y a une responsabilité que nous devons prendre et nous serons aussi coupables de ne l'avoir pas prise que de l'avoir prise à la légère. Le Ponce Pilate n'est pas plus innocent dans la société qu'au tribunal.

XXVI

Si l'on a droit d'établir, de constituer incommutablement, de préparer et produire des résultats incommutables, on a le droit aussi de les garantir incommutablement (1). Comment n'avoir le

____

(1) Mais pourquoi, me dira-t-on, admettez-vous que l'opinion intime de la nation soit en faveur de la Monarchie ? Pour une raison très-simple, si simple qu'en vérité je ne sais comment elle n'est pas à la portée de tout le monde. C'est parce que pour des droits, des possessions, des libertés héréditaires, elle sent qu'il lui faut une garantie héréditaire aussi. C'est parce qu'elle n'entend pas davantage qu'à chaque génération on recommence la société; comme l'exigerait le système égalitaire. C'est, en un mot, parce qu'il est évident que, pour des fins persistantes, il faut des institutions persistantes. (_L'Epoque actuelle_, 2ᵉ éd.; réponse à Odilon Barrot, page 189.)

Que veulent donc dire les républicains (parlant de la monarchie) avec leurs accusations d'illogisme, de superfétation, de dis-

droit de couvrir sa maison que pour un certain
temps ? Cela est si évident que je suis porté à penser, quand les docteurs entendent restreindre leur
axiôme à la politique, que c'est moins un droit
plus absolu qu'ils contestent que la limite de la

parate ? Ce qu'il y a de disparate jusqu'au ridicule, d'illogique
jusqu'à l'absurde, ce qui est une superfétation calamiteuse sur le
sein du pays, ce sont des doctrines muables pour garanties de
droits immuables; l'exemple de l'instabilité pour porter au respect de la stabilité, une tête à organisation anti-traditionnelle sur
un corps formé traditionnellement, c'est-à-dire la constitution
gouvernementale démentant la constitution sociale, des essayeurs
et des novateurs pour une société à base et à lois de développement certaines et, de par Dieu, invariables; des partisans de l'é-
parpillement des produits pour sauvegarder et favoriser leur accumulation, une succession d'existences politiques de trois ou
quatre années, sans liaison entre elles, le plus souvent, au contraire, destructrices des germes d'œuvres les unes des autres;
pour continuer une existence quatorze fois séculaire, ce sont l'a-
narchie disposant des résultats de l'ordre, les novices téméraires
menant les expérimentés, les fils gouvernant et raillant les pères;
ce sont des électifs éphémères pour protéger l'hérédité, des amo-
vibles pour maintenir l'inamovibilité et des avides de changement pour préserver la permanence. Voilà le chef-d'œuvre de
l'incohérence et de l'incompatibilité, voilà qui est rétrograde, antisocial et anti-national. (*Manifeste d'un légitimiste*, p. 32-33.) Encore ceci n'a-t-il trait qu'à l'intérieur, mais avec la République
et ses surprises, quelle politique pouvons-nous entamer et suivre à
l'extérieur ? Quelle confiance durable pouvons-nous y inspirer ?
Quelles alliances pouvons-nous y conclure ? Il est vrai que maintenant nous en avons si peu besoin ! Nous sommes si forts et notre
ennemi est si faible ! Pourquoi nous mettre en souci ? D'ailleurs,
n'avons-nous pas une phrase triomphante toute faite ? *Nous vain-
crons l'Europe en lui inoculant la République.* Mon pauvre pays ! Tu
as été souvent insensé, mais tu n'étais pas encore tombé si bas
dans le ridicule. Nous pourrions peut-être y infiltrer de ce venin,
mais nous en serions morts bien avant elle et cet exemple la
pousserait à s'en curer. On dit que le scorpion écrasé est un re-
mède de sa blessure.

garantie due, suivant eux, aux inventions populaires qu'ils posent ; juste comme pour des brevets d'inventions ordinaires, mais avec garantie du gouvernement et temps double. Pourquoi temps double ? Pourquoi une génération ? Elles ne vont jamais jusque-là, heureusement !

Aveugle époque où, dans une certaine opinion, ceux qui se croient les adversaires les plus décidés et même les seuls préservateurs du socialisme lui ouvrent la porte à deux mains ; car, en posant un terme arbitraire au droit des individus, on autorise d'autres à le raccourcir, à le supprimer même, pour transporter tout à un être de raison qu'ils appellent l'État, *et qu'ils personnifieraient*. Quand je dis que tous les républicains sont antisociaux, sciemment, ou, ce qui est honnête mais humiliant, sans le savoir !

XXVII

Au surplus, comme je l'ai déjà dit, partant du fond des choses, ce n'est pas une assemblée du peuple, une génération même, qui sont maîtresses de l'avenir social et national, et peuvent le stipuler à leur gré. Dès la constitution de la société, on est engagé irrévocablement dans cet avenir au point de vue social ; dès la constitution d'une nation dans une certaine situation d'où ressortent ses lois d'existence, avec certaines mœurs, aptitudes et propensions, avec un génie particulier qui déterminent ses voies; on y est engagé virtuellement au point de vue politique, avec le type de gouvernement qui s'y adapte, et le lot du peuple consiste, s'il est sage et clairvoyant, à reconnaître et soutenir ce gouvernement national; s'il est aveugle, à le ruiner pour sa propre ruine. Il ne peut pas plus faire qu'un autre gouvernement lui aille bien, que faire qu'une sphère soit un carré, et c'est pitié de voir ses tortures à l'essayer. Horrible lit de Procuste, mais auquel benoîtement il se condamne lui même. Et pourquoi, même s'il parvenait à son but? J'ai fait ce livre pour le lui montrer.

Cette formule de *peuple souverain* est pleine d'abusement et de vanités malsaines. Souverain comme force physique, incontestablement ; mais subordonné des forces morales et de la nature des choses, sous peine d'être souverainement déraisonnable et souverainement désastreux; c'est peut-être plus incontestable encore (1).

(1) Du reste, c'est un leurre. A bien regarder, personne ne reconnaît absolument cette souveraineté du peuple. Même, ceux qui s'en affichent les plus décidés croyants ou courtisans ne l'admettent que tant qu'elle se prononce pour eux ou qu'ils ont l'espoir de la travailler et organiser; de manière que, bon gré mal gré, elle le fasse ou en ait l'apparence. D'autres limitent ses pouvoirs comme compétence et comme durée de la validité de ses décisions ; d'autres, enfin, et c'est le plus simple et le plus court, n'appellent *peuple* que leurs partisans c ' naturellement, celui-là doit être

La pleine puissance des qualités et des aptitudes françaises, des forces matérielles et morales qui les servent; voilà notre souveraineté nationale, et son gouvernement est celui qui émane de ces qualités et aptitudes, les représente le plus complétement et les conserve les plus intactes.

XXVIII

Les trois conditions traditionnelles nécessaires à la France sont donc d'être militaire (1), catholique et monarchique. Sans elles, nous disparaîtrons comme nation et comme agent de Dieu sur l'humanité.

XXIX

Toutefois, notre succession n'échoirait pas à la

tout. En 89, c'était la bourgeoisie qui devait être tout, aujourd'hui, c'est le prolétariat-ouvrier. En France, nous n'en sommes pas encore à reconnaître que, seulement, *tous* font *tout*, et les principes au-dessus.

Ceux qui, comme nous, font exactement l'addition admettent le suffrage universel comme la toute puissance de fait, qui seule peut maintenir la puissance de droit, à laquelle elle doit s'allier inséparablement pour la plus grande force, gloire et prospérité de la patrie.

(1) La France est un soldat, disait Châteaubriand ; la France est obligée à l'être, dirait-il aujourd'hui.

Prusse qui, si elle a toutes les conditions et les aptitudes requises pour devenir le fléau de l'humanité, à moins qu'on ne la mâte, n'a absolument aucune des qualités nécessaires pour en devenir l'initiatrice. Son complet dénûment de bienveillance humanitaire, sa parfaite inintelligence seulement à la comprendre, son égoïsme étroit et dur la rendent répulsive, même à ses confédérés. Il fait froid dans le cœur du Prussien.

Ce rôle reviendrait plutôt à la Russie, non pas à sa noblesse et à ses classes soi-disant éclairées, qui sont infectées, à un degré inconcevable, des utopies désorganisatrices du socialisme et des doctrines énervantes du nihilisme allemand, dont les inventeurs ont eu, jusqu'à présent, le bon esprit de faire un objet d'exportation plutôt que de consommation intérieure, comme les Anglais de leur opium; mais au peuple Russe qui, si nombreux, est compacte et fervent dans une même foi, et capable d'attachement et de docilité, ce qui est une immense accumulation de force; et est doué de bonté, d'affection pour ses semblables, ce qui est la condition d'influence.

Dans tous les cas, la succession écherrait à une nation ou au plus à une nationalité, car l'idée du progrès de l'humanité par conversion générale est une illusion contre naturelle. Au point de vue religieux, la belle religion catholique même n'a pu l'obtenir et on lui fait un crime précisément de ses justes tendances à l'universalité. Chacun a la prétention d'être supérieur, au moins égal, à son voisin quelconque. Quand il ne fait que nourrir l'ambition et prendre la ferme résolution de le devenir réellement, il est dans les conditions du progrès de l'homme. De même pour les nations. Chacune se croit la meilleure (bienheureuse celle pour qui c'est la vérité), et celle qui s'efforce à le devenir est dans les conditions du progrès de l'humanité. Mais tous ses efforts seront misérablement vains, ses ambitions raillées, ses résultats anéantis, si elle n'a pas la force nécessaire pour les faire triompher ou, au moins, respecter; car seriez-vous la nation la plus sage, la mieux civilisée, seriez-vous l'image et l'ornement de la vraie humanité, si vous n'avez pas la force, qui empêchera que vous ne deveniez la proie d'une nation inférieure qui l'aura conservée?

L'intervention de la Providence dans le monde, c'est d'avoir donné aux plus intelligentes, plus croyantes et plus morales, les moyens par cette intelligence, cette foi et cette moralité supérieures de se constituer une force supérieure aussi. Si elles laissent dépérir un ou plusieurs de ces attributs, elles faillissent à leur mission, qui passe à d'autres, quelquefois au prix de longs siècles d'obscurcissement dans les lumières de l'humanité et d'arrêt dans sa marche.

Chaque nation chez elle est une de ces maximes insensées sous une apparence de sagesse, dont notre temps est si prodigue pour masquer ses affaissements. Elle correspond à celle-ci : *chaque homme dans sa chambre,* et elle est aussi raisonnable que de. demander que le soleil existe sans son rayonnement. Quand Bismark, qui se moque de nous, et il a bien raison, a prononcé ces paroles que nos politiques libéraux et humanitaires lui avaient fournies, il entendait : *La France enfin chez elle;* mais pour son usage particulier, pour l'Allemagne, il nous a montré comment il les interprétait, lorsque nous avons voulu empêcher l'avènement d'un Prussien en Espagne.

L'individu cherche à étendre son influence à son entour, les nations cherchent à étendre leur influence dans le monde. La politique des États n'est qu'une lutte d'influence. Voilà les conditions naturelles. Toute autre doctrine n'est qu'aveu d'impuissance ou instrument de duperie.

Cette marche de l'humanité au moyen de la concurrence des nations par l'influence et, au besoin, par les armes, qui paraît barbare, est, à bien voir, la condition de la permanence parmi nous de l'intelligence, de la moralité et des viriles vertus; facultés qu'il faut tenir incessamment en éveil, soit pour vaincre, soit pour ne pas être vaincu. L'infiltration pacifique, où les hommes n'auraient qu'à se laisser faire, tendrait à amollir et à faire dégénérer l'humanité, et au lieu d'être pour elle la vie, serait la mort. *Pax sævior armis.*

XXX

En revenant à la question monarchique, je dirai : attachons-nous au principe de l'institution encore plus qu'à la personnalité qui l'incarne, de sorte que le roi soit inviolable, surtout pour l'inviolabilité de la royauté.

Je dirai, en imitant le texte sacré : Soyons fidèles et le reste nous sera donné par surcroît.

Il est de mode, quand on parle des légitimistes, de dire, avec une pointe de compatissante suffisance : La fidélité au principe est un sentiment fort honorable sans doute; mais ce n'est pas de la politique. Eh! bien, rien que par leur persistance dans cette fidélité, ils sont les seuls en France qui en fassent de vraiment digne de ce nom et de vraiment résistante à la désorganisation sociale et nationale. Cette fidélité est bien autrement forte que toutes les vaines combinaisons qu'ont imaginées ou imagineront les habiles pour étayer l'édifice qu'ils ont décapité, et elle garde le seul principe d'après lequel il faut le réparer et le terminer pour qu'il soit préservé efficacement. Les légitimistes montrent donc non-seulement leur sentiment loyal, mais aussi leur sens pratique dans leur foi (1).

(1) Bien des conservateurs, républicains à contre-cœur, ne rejettent la monarchie que par crainte de son instabilité, d'où il

Comment Jeanne d'Arc sauva-t-elle la France ?
Au cri de *Vive le Roi !* Pour elle, où était le roi était
la France, et, par *le roi,* elle entendait la royauté ;
car elle n'avait certainement pas un culte aveugle

ressort cette curiosité, que c'est par peur de cette instabilité
même qu'ils veulent l'instituer officiellement par la République.
Ils prétendent par là à des transmissions paisibles, mais ils s'illu-
sionnent étrangement. Chez nous, ou bien le titulaire sera dépo-
pularisé et abattu avant l'échéance, ou bien celui qui sera en
place voudra s'y perpétuer et s'en sera ménagé les moyens pendant les années de son pouvoir, et le pays, en dépit de la légalité, sera son complice. On le renversera, me dira-t-on ; on créera
un prétendant et un parti de plus, répondrai-je. N'en avons-nous
donc pas assez déjà ! (Je n'y comprends pas le comte de Chambord ; lui, n'est pas un prétendant.) Dans tous les cas, il y aura
guerre civile ; mais, si le changement doit être dissolvant, il vaut
beaucoup mieux le laisser arriver par une révolte ouverte que par
une évolution légale ; car la plus considérable révolte, qui n'est
que révolte, n'est pas aussi pernicieuse à la société que la moindre
insurrection qui prétend au droit ou que le moindre mauvais
changement qu'on en aurait d'avance investi. Une jacquerie cou-
vrant la France serait bien moins dangereuse pour l'avenir social qu'un seul comité révolutionnaire légalement institué à Paris.

Mais pourtant, si la personnalité royale est décidément mauvaise ? J'ai déjà traité ce sujet dans le texte ; mais son importance
est telle qu'il n'y a pas de mal à y insister. D'abord, entendons-
nous. A ceux qui croient qu'un roi n'a d'autre idée, préoccupation et occupation, d'autre bonheur que de dévorer son peuple
et de machiner contre lui du matin au soir ; j'ai à dire qu'au
train dont vont les choses, l'avenir de la France me semble être
à eux. En attendant, qu'ils lisent le *Siècle.* Passant aux gens qui
sont dans leur bon sens ; à ceux qui trouveront le monarque
mauvais, s'il n'est pas libéral à la façon moderne, c'est-à-dire
s'il n'est pas enclin à rouvrir la porte aux communeux ou à
leurs introducteurs du 4 septembre, je répondrai que ce sera là,
précisément, le bon, celui qu'il nous faut, qui nous est indispensable. A ceux qui rêvent de sombres tyrans, je dirai que les républicains se moquent d'eux en leur faisant peur des personnages
de théâtres de féeries, comme les Chinois avaient la prétention
de nous effrayer avec des monstres de carton peint ; qu'il n'y a

et enthousiaste pour la personne, puisqu'elle venait la stimuler, la conseiller et la diriger.

Au cri de *Vive le Roi!* elle réveilla les Français qui, à ce cri, se rallièrent, s'encouragèrent et re-

plus que les républicains qui défient toutes les fictions et les imaginations dans leurs réalisations.

Mais, j'irai plus loin ; si un monarque était mauvais, à l'impossible, alors même, il vaudrait mieux pour nous le supporter que le renverser. Les fins diront : Pas si bêtes ! Cela prouvera que ce ne sont pas les fins qui ont l'intelligence de l'importance d'un principe en politique et de son respect coûte que coûte. Les microscopes ne valent rien pour apprécier les objets qui dépassent leur champ de lumière. Pour un mauvais héritier civil, quelque désastreuse que puisse être sa gestion, le mal ne sera rien en comparaison de celui qui résulterait de sa dépossession en faveur d'un autre. Eh bien ! le trouble qui résulte de ce procédé en politique est cent fois pire encore.

D'ailleurs, avec des assemblées, il est généralement possible au pays d'atténuer, sinon de neutraliser tout à fait l'influence mauvaise d'une personnalité royale et, ce que je crains, c'est qu'elles abusent de ce pouvoir pour entraver même la bonne.

Dans les conflits avec une Chambre, le plus souvent, c'est le souverain qui a raison dans l'intérêt du pays. Ce n'est certes pas que l'Assemblée ne croie agir pour le mieux de cet intérêt; mais elle ne le discerne pas si bien, n'étant pas à un si haut point de vue. De plus, les yeux scrutateurs de l'Assemblée sont portés sur le souverain, ceux du souverain sur le pays. Avec une capacité de perception ordinaire, le monarque, par situation, voit plus complétement et plus loin.

Ce phénomène politique n'est pas particulier à la France. Que serait aujourd'hui la Prusse, si son Roi n'avait pas résisté à la Chambre et agi malgré elle et ses menaces; malgré même son refus du budget, pour l'organisation de l'armée? Mais, en Prusse, il a pu résister et ses adversaires sont devenus ses glorificateurs. En France, où serait-il? Exemple terrible, puisque nous en sommes les victimes, mais saisissant de l'importance pour un pays de son attachement inébranlable à l'institution monarchique.

Si, au moins, maintenant, ils allaient se mettre en République, mais vous verrez qu'ils ne le feront pas. Ces gens-là n'entendent rien au progrès et nous en laisseront le monopole.

conquirent le territoire. Aurait-elle réussi en sus-
citant un usurpateur ? Qui oserait le soutenir ?
Merveilleux effet de la foi en un principe. Eh bien !
ce principe est aussi salutaire aujourd'hui qu'il est
raisonné, qu'alors qu'il était plutôt instinctivement
senti. La foi doit devenir confiance.

XXXI

C'est, désormais, notre unique moyen de salut,
car nous sommes à bout. Cette fois-ci encore
l'armée nous a sauvés; c'était déjà aléatoire, mais
on va la retravailler plus à fond; gardons-nous
d'en douter et, de plus, on va travailler les paysans
pour atteindre leurs fils sous les drapeaux; on va
cesser d'afficher du dédain pour les campagnes,
changer de tactique (les conseils ou comités fédé-
raux doivent préparer *dans les campagnes* l'organisation de sections agricoles. Art. 8 du pro-
gramme de l'Internationale, conférences du 17
au 23 septembre 1871), et, à la prochaine journée,
les régiments ne lèveront plus la crosse en l'air.
Inutile ! Ils ne se rendront même plus sur le terrain.

D'ailleurs, cela n'arriverait-il pas, est-ce une
société que celle dont la conservation n'étant due
qu'à la force, est à la merci d'un accident de cette
force, de sorte que si elle était non pas réfractaire
mais seulement vaincue ! N'est-ce pas à faire

frémir et, avec un tel cauchemar; est-ce une vie que celle que nous allons passer, est-ce le calme que nous pouvons retrouver?

Et puis, il faut du prestige ou personnel ou héréditaire pour avoir l'armée à ses ordres. Elle a obéi et obéira volontiers à un homme aussi éminent à tant d'égards que M. Thiers; mais en serait-il de même pour un M. Ernest ou un M. Jules quelconque, qu'un hasard ou une erreur du scrutin aurait porté au pouvoir, et dont, probablement, la vie antérieure se serait passée à la décrier? La question qui surplombe notre époque, la question ouvrière, n'est pas résolue. Tant qu'elle ne le sera pas et que la solution ne sera pas acceptée, vous aurez besoin de l'armée de l'intérieur. Croyez-nous, instituez un gouvernement auquel elle puisse obéir sans souffrance d'amour-propre.

XXXII

M. Thiers veut maintenir l'ordre matériel et il y réussira, du moins pendant un certain temps; mais il prétend aussi à rétablir l'ordre moral et, avec la République, il y échouera; car, examinons :

Lorsque tous se meuvent dans la légalité et les règles, quelles qu'elles soient, on a l'ordre. Lorsque les lois sont l'expression de la justice sociale et que les règlements distribuent exactement cette justice à chacun, on a le bon ordre ; et lorsque les esprits sont restés honnêtes et sains, chacun, de cette juste part qu'il reçoit, conclut à la bonté de l'organisation générale qui la lui accorde et des institutions qui la lui assure ; et on a l'ordre moral, qui se maintient de lui-même, et où celui qui le trouble accidentellement ne tarde pas à reconnaître, au moins à part lui, qu'il a eu tort.

Cette honnêteté de l'esprit, qui est en même temps de la justesse, ne consiste pas à être satisfait par sa situation natale ; mais à ne pas imputer à la société ce qui provient du sort ; ni à étouffer tout désir d'améliorer cette situation ou même de s'élever au-dessus ; mais à n'y employer que les voies et moyens légitimes ; à s'acquérir des avantages propres et non à prendre ceux des autres. Si vous réussissez, vous serez dans *les autres*. Admettrez-vous que les plus malheureux que vous aient droit de se faire leur part en vous dépouillant ?

L'acceptation du sort natal et la détermination de commencer par y vivre honnêtement sont la condition première de la moralité individuelle et la base de tout l'ordre social et on le comprenait encore ainsi du temps de Mirabeau qui s'écriait : L'homme ne se révolte pas contre les malheurs et les obstacles qui lui viennent du sort, mais contre ceux qui lui viennent de ses semblables. Nous avons progressé depuis et Mirabeau serait un piètre révolutionnaire, s'il reparaissait si raisonnable ; car, aujourd'hui que les esprits n'ont plus ni probité, ni santé, on ne mérite cette qualification qu'en étant résolu à corriger le sort aux dépens de la société ; son sort aux dépens de celui des autres.

Il y aurait de la naïveté à croire qu'on pourra convertir ces gens-là et les ramener à se contenter de ce qui leur revient honnêtement, et il faut renoncer, du moins d'ici à longtemps, à voir toute la France rentrée dans l'ordre moral.

Dans cette situation, le devoir le plus urgent de nos gouvernants est, au moyen des lois et des forces de ceux qui restent dans cet ordre moral, de contenir ceux qui en sont sortis, au moins dans l'ordre matériel, de les y parquer, pour qu'ils ne se ruent pas au détroussement de la société, ni ne troublent son mouvement régulier.

Mais ces précautions seraient bientôt décevantes, si l'on décourageait les bons par des condescendances aux mauvais ; si l'on n'empêchait la contagion de se répandre dans les rangs des gardiens et si l'on ne s'occupait d'en former encore de plus énergiques et plus nombreux pour l'avenir. L'on n'empêchera la contagion qu'en empêchant le contact des atteints avec les hommes encore sains dans les fonctions publiques, et la monarchie seule le fera. Non pas en les excluant de l'éligibilité par décret (il n'y a que des républicains pour de telles énormités) ; mais par le jeu régulier et libre du suffrage universel. Comme, sous la République, il paraît tout naturel de s'a-

dresser à des républicains, de même sous la monarchie on s'adressera à des monarchistes, et les
mêmes électeurs, qui aujourd'hui forment l'ap-
point de majorité pour les républicains, le forme-
ront alors pour les monarchistes ; et qu'on ne se
hâte pas d'insulter ni de railler, ce sont d'honnêtes citoyens, amis de la tranquillité, qui, n'entendant pas la politique et ne s'en targuant pas,
estiment que le gouvernement établi en sait plus
qu'eux là-dessus et se reprocheraient comme un
crime civique de lui causer des embarras, d'entraver son action. C'est cette masse qui a donné très
sincèrement la majorité à tous les gouvernements
installés et voulant l'ordre. Aujourd'hui, quand ils
entendent M. Thiers, cet homme de si hautes capacités, président de la *République,* demander des
élections républicaines comme conditions de la
tranquillité intérieure et de la prompte délivrance
du pays, appeler les élus républicains les élus gou-
vernementaux, comment ces citoyens consciencieux oseraient-ils prendre sur eux d'appuyer
des candidatures monarchiques ?

D'ailleurs, ils n'appuient pas des communeux
ni même volontiers des radicaux ; mais, tant qu'ils
en trouvent, des républicains conservateurs libéraux qui ne diffèrent des autres conservateurs
qu'en ce qu'ils demandent, au nom de la liberté,
la séparation de l'Église et de l'État et l'enseignement laïque, deux mesures dont ces bons électeurs
ne comprennent pas bien l'utilité ni l'urgence,

mais qui, du moins, se figurent-ils, n'ont rien de subversif, et peuvent être discutées et même accordées sans danger. Ils ne savent pas que sous ces deux euphémismes se cachent les deux instruments dont les révolutionnaires modernes ont résolu de se servir pour opérer la démolition. Aujourd'hui, c'est séparation de l'Église et de l'État; demain, ce sera suppression de l'Église par l'État; après, suppression de toute religion et alors bombance communiste et communeuse partout. Proudhon disait qu'avec la seule loi de l'expropriation pour cause d'utilité publique, il se chargeait de la liquidation sociale matérielle ; avec celle de la séparation de l'Église et de l'État, nos révolutionnaires se chargeront de la liquidation sociale morale.

Enseignement *laïque* ne veut pas dire pour eux enseignement par des laïques, nous l'avons à notre gré, mais bien enseignement *athée* par une synonymie qui est un outrage pour les honnêtes gens. Proscription de l'enseignement religieux et par conséquent moral.

Pour former de bons citoyens, gardiens de l'avenir, nous n'avons qu'à prendre l'inverse des procédés révolutionnaires pour les dépraver. Maintenir et renforcer l'enseignement religieux et moral dans les écoles, et cela est aussi nécessairement dans le système monarchique que le contraire dans le système républicain. .

Ainsi, l'ordre moral se compose, en même

temps, de satisfaction et de tranquillisation des
esprits ; et le régime républicain, s'il peut exceptionnellement donner la satisfaction pour le moment, ne donnera jamais la tranquillisation pour
l'avenir, et, par le fait seul de sa prolongation, les
faibles iront se pervertissant et les bons se décourageant de plus en plus ; car, sous la République,
ce sont les honnêtes gens qui sont découragés ;
sous la monarchie, ce sont les autres.

XXXIII

Un homme qui nous aime et qui nous l'a montré,
qui nous le montre encore à toute occasion, le
Prussien Bismark, a dit en pleine Chambre de sa
Confédération, que le gouvernement républicain
était celui qui convenait le mieux à la France. On
aura, sans doute, mal traduit ; il aura dit : qui lui
convenait le mieux en France, et il a raison, tellement raison ! Tenez ! M. Thiers a rendu à son pays
d'immenses services, il ne saurait y avoir de
gloire plus grande, plus pure et plus patriotique
que la sienne, son âme de citoyen doit être bien
heureuse, eh bien ! s'il continuait à favoriser
comme il l'a fait, le changement de la majorité et
et s'il parvenait, selon les vœux de Bismark, le fanfaron de toutes les audaces méprisantes et outrageantes pour nous, à la rendre républicaine, ce
bienfait disparaîtrait au point que le magnifique

passage au pouvoir de M. Thiers se changerait en notre dernière calamité, et qu'il pourrait sceller son œuvre de la devise : *Finis Galliæ* (1).

(1) La République est ce qui nous divise le moins, a dit M. Thiers; et ce mot a eu meilleure fortune qu'il ne méritait, car il n'est vrai qu'en considérant la République comme un état provisoire; ainsi, effectivement, elle ne divise pas, puisqu'elle ne décide pas et qu'elle laisse à tous leurs espérances, mais il en serait tout autrement d'une République définitive. Celle-là nous diviserait et nous ruinerait. La République chez nous ne peut être qu'un interrègne. Quel règne viendra? Si vous conspirez contre le bon, si l'on tarde à l'établir; le funeste rentrera, soyez-en convaincus!

L'ordre moral, qui est la condition du maintien de l'ordre matériel et sans lequel celui-ci n'est qu'une forme précaire, se compose de confiance dans la permanence de l'organisation ou de la réorganisation, selon les vrais principes sociaux. Croyez-vous donc donner cette confiance en affirmant à chaque instant la République? Vous ne contentez que les démolisseurs qui se rient de vos reconstructions, tant que vous laissez la pioche entre leurs mains.

Il n'y a, entendez-le bien, de sauvegarde à l'ordre matériel et moral permanent qu'une institution représentative de cet ordre, que la Monarchie; et ceux qui ne le voient pas, je demande pardon d'oser le dire, mais il le faut, sont des incapables en politique, quelque hautement capables qu'ils puissent être en d'autres spécialités, quelque merveilleux hommes d'expédient qu'ils soient. Ils pourront sauver une situation compromise, ils seront inaptes à l'empêcher de renaître. Les solutions momentanées suffisent, il est vrai, à beaucoup d'entre nous. C'est leur époque. Combien, en effet, étudient les conditions de l'ordre permanent et s'en soucient? Le temps de nouer une affaire et d'en encaisser les profits. Voilà notre suprême ambition et l'expédient actuel nous le promet. Ne tracassons donc pas M. Thiers. A chaque jour suffit sa peine, à chaque année son gouvernement. Ah ! nous avons bien raison de ne pas prétendre à stipuler pour nos descendants, nous en sommes indignes.

Il y a, toutefois, d'autres causes plus honorables et plus touchantes à notre apathie actuelle. Je sais que la France non commerciale ni spéculatrice, la grande France civile, dirai-je, ressemble à un malade qui, après d'horribles souffrances, ayant trouvé

XXXIV

C'est encore une prophétie, dira-t-on. Hélas! non, et plût à Dieu qu'elle ne fût pas plus sûre que ce que l'on décore ironiquement de ce nom. C'est une prévision raisonnée. De la réalisation de mes prévisions passées, je ne demande qu'un bé-

une position de calme, veut y rester et ne désire plus qu'on le retourne même pour le guérir; mais est-ce d'un médecin de se prêter à ce repos avant-coureur de la mort? Et dire, pourtant, que c'est sur de tels vœux inscients et funestes que se base l'action de nos gouvernants! Oh! mon Dieu, je le répète en désespéré : où sont nos hommes?

Quant au *satisfecit* qu'ils ont reçu de l'ennemi et que je ne leur reproche certainement pas de s'être mis dans le cas d'obtenir par patriotisme, s'ils ne s'y laissent pas prendre, il signifie simplement que le Prussien désire que nous soyons calmes et même productifs, jusqu'à ce qu'il ait accompli sa saignée, terminé son soutirage de notre or. C'est aussi le temps d'encaisser ses profits qu'il souhaite, mais qu'au delà, il s'intéresse à ce que nous persistions ordonnés, compactes et puissants, est-il possible que M. Thiers en soit arrivé là, de le croire?

Il ne m'étonnerait pas que M. de Bismark mît pour conditions de facilités futures le maintien de M. Thiers au gouvernement. Il y a tout à gagner, assurance pour sa créance jusqu'au payement et pour le bouleversement chez nous ensuite. Avec la Monarchie il aurait bien la première assurance, mais pas la seconde. M. Thiers et ses tendances vers la République lui vont donc mieux.

M. Thiers, avec les républicains, est comme un père de famille faible qui fait des concessions à ses enfants violents et exigeants, aux dépens des autres, *pour avoir la paix*. On sait ce qui s'en suit et pour les uns et pour les autres. Il est indispensable et urgent que l'Assemblée n'imite pas M. Thiers.

M. Thiers, dans son dernier discours, en disant que la Chambre s'était engagée à faire l'essai de la République, s'est trompé gravement, comme les vives protestations de la majorité le lui ont fait voir. La Chambre, en effet, ne s'est engagée qu'à faire l'essai de *la république de M. Thiers*, et encore *en attendant*.

néfice : celui d'un peu de méditation, sinon d'autorité, pour mes prévisions actuelles.

Vous tournez au sombre, me dira-t-on encore. Qu'on me le pardonne! j'écris presque dans la nuit de mon trop malheureux pays.

Glorieuse France! si généreuse pour ses amis, encore plus généreuse pour ses ennemis vaincus! Terre de tant d'héroïsme et de tant de héros! Terre d'affection et de prédilection! Nation à face si loyale! Noble et doux flambeau de civilisation chrétienne! Est-il vrai que tu puisses finir? Et finir ainsi? Ah! si tu t'éteins, tu ne seras pas remplacée dans l'humanité!

XXXV

Nous aurons, il est vrai, pour dédommagement d'avoir réédité des mots édentés contre le drapeau blanc et de croire que c'est Henri V que nous aurons attrapé en ne voulant pas qu'il règne sur nous.

Spirituels jusqu'au bout, nous autres Français!

Et (j'allais oublier le plus galant) d'avoir satisfait ce bon M. de Bismark, si Français, si modéré dans la victoire, et qui, de mon avis aussi, ne veut que notre bien.

Il est vrai, enfin, qu'on aura joué un fameux tour à nous autres légitimistes, le seul tour duquel nous serons inconsolables et ne pourrons nous relever, car on aura perdu la France.

XXXVI

Mon dernier mot sera que la Providence secourable a ménagé à la France, au bas de sa catastrophe, une majorité législative qui a dans son opinion et son pouvoir notre suprème salut. C'est la dernière occasion. Si, par mollesse, indécision ou manque d'entente, elle faillit à son devoir, elle assumera sur elle seule la responsabilité de notre perte, et ce sera son implacable remords et son tourment dans ce monde-ci et dans l'autre. Je m'adresse à des hommes pour qui la perspective de cette seconde peine, loin d'être chimérique, serait la plus redoutable.

XXXVII

APPENDICE

Une des plus manifestes impuissances des hommes est d'établir des droits contre le Droit. Ils ont beau leur en imposer le nom, la simple existence du vrai les relègue dans les contrefaçons. Il y a, en politique, des circonstances de force majeure où il faut des combinaisons momentanées pour suppléer au droit empêché ou méconnu; mais ce ne sont pas là des droits nouveaux, ce sont des *expédients*. Il peut se présenter, dis-je, des situations où ces expédients sont nécessaires; mais on abuse du prétexte. Louis-Philippe ne prit le trône que par crainte de pire pour la France (Montalivet, *Revue des Deux Mondes*, 1ᵉʳ décembre 1871). Louis-Napoléon n'a pas donné d'autre raison de son coup d'Etat ni Jules Favre de celui du 4 septembre. On ne peut scruter les consciences, et je ne me refuse pas à admettre la bonne intention des actes; cependant, au moment où on veut les transformer *en droits* à son personnel bénéfice, voilà où ils deviennent terriblement suspects; à supposer même qu'on n'ait pas poussé à la catastrophe qui les motive; car il est, on l'avouera, d'un étrange procédé, pour préserver des violateurs du droit, de le violer soi-même, quelquefois doublement : dans la loi politique et la loi de famille. Tant qu'il y aura une conscience publique ce sera répugnant. Et quand ce ne le sera plus pour personne, nous n'aurons que faire de combinaisons provisoires ou définitives, d'institutions mauvaises ou bonnes, ni du fait ni du droit, rien n'y pourra; la nationalité française aura vécu. Elle aura disparu dans un immense scandale, hideux épouvantail et leçon pour le monde. En tous cas, il est évident qu'un expédient ne peut être salutaire par celui qui y a amené ou qui veut s'en approprier le profit. Aussi, voyez où nous en sommes arrivés avec tous ces sauveurs du pire; tant il est vrai qu'il n'y a que la persévérance dans la rectitude et le devoir, sinon pour empêcher l'irruption du mal, du moins pour conserver contre lui des ressources triomphantes. Tous ces sauveurs ne détruisent pas le monstre; ils le masquent, et, tandis qu'à leur ombre il grossit en se nourrissant de leurs mauvais exemples, ils divisent les forces de résistance contre lui et eux.

Il est vrai encore que quelques-uns de ces sauveurs voyant les conséquences de leurs agissements en demandent pardon à Dieu et aux hommes, mais sans aucun effet salutaire ni seulement sérieux; car les hommes, quelque promptitude qu'ils mettent devant ces marques de repentir à pencher vers l'indulgence, sont surpris et ébahis par le pardon que d'une plume et d'un cœur légers les coupables se sont déjà donné à eux-mêmes.

Le désastreux inconvénient de tous ces droits qui poussent en une journée d'orage comme des champignons à côté du chêne séculaire, c'est de désorganiser la nation en innombrables groupes ayant chacun son droit; et le malheur, peut-être, l'expiation de la famille d'Orléans, est d'être regardée comme un assortiment de chefs à plusieurs de ces groupes : un assortiment de princes à toutes fins. Il faudrait les plaindre d'être visés par de telles illicites et misérables spéculations, s'il ne leur était si facile d'y couper court en faisant clairement ce qu'ils doivent, et ce serait d'autant moins méritoire à eux que leurs droits sont dans leurs devoirs. *Rien que là.* Et quels droits? Ah! s'ils avaient la grande ambition, la noble, la dévouée, l'ambition d'illustrer le devoir et de s'illustrer par lui, l'ambition qui fait les autres familles royales si fortes, les autres nations si compactes, et leurs armées si disciplinées !

On parle de résultats politiques acquis qu'ils tiendraient à garantir à la France. Ces résultats me seraient bien suspects, dont la conservation ne serait pas déjà dans la volonté d'un homme aussi vraiment libéral que Mgr le comte de Chambord (plus libéral qu'eux, je le dis sans crainte de démenti de l'avenir); mais, en tous cas, dans leur situation régulière de famille, n'auraient-ils pas pour cela bien plus d'influence sur leur chef que dans leur attitude actuelle de rivalité, se tenant en face de lui un marché à la main. Sans nul doute, ils en auraient bien davantage et sur lui et sur nous. Ils veulent stipuler pour leurs partisans ! Qu'ils laissent leurs partisans le faire eux-mêmes, par d'autres délégués, ça ne sera peut-être pas en tous points raisonnable; mais, du moins, ça ne sera pas choquant, car ils ne seront pas des parents traitant de leur rébellion.

Quels que soient, du reste, leurs motifs, ils ne peuvent être que secondaires et mesquins en comparaison de l'accomplissement de leur devoir et de ses conséquences. Ils n'ont plus de force que dans la maison de France. En dehors, tous projets pour lesquels ils se réserveraient seraient immanquablement décevants pour la France et pour eux. En dehors, ils ne peuvent rien pour nous, que plus de malheur encore, ni rien d'enviable, d'honorable et seulement durable pour eux-mêmes.

Princes! *vos droits sont dans votre devoir*, et ceux qui, peut-être, tentent de vous faire accroire qu'ils vous en créeraient d'autres à l'occaion, vous trompent; ils en sont virtuellement incapables. D'ailleurs, les places de président ou de roi révolutionnaire sont déjà retenues. Et ne voyez-vous pas combien celle qu'a force de triste industrie vous parviendrez peut-être à vous ménager entre elles serait étranglée et misérable, sans viabilité possible? Bonaparte avait appuyé sa monarchie sur une base populaire bien plus ample que celle de 1830, et si cette base lui a manqué, avec trop de raison, hélas! en 1871, la vôtre vous a manqué plus clairement encore en 1848. Vous n'avez pour vous ni le bon droit ni le mauvais, ni espace pour vous établir entre les deux. Princes! rentrez dans le devoir.

Pour comprendre et maudire toute la confusion morale de notre époque, il suffirait de ce fait, d'avoir vu dernièrement un prince honnête, et, en d'autre sens, si intelligent, écrire dans une lettre publique : *Que sa famille s'était toujours distinguée par son respect de la loi,* et, s'il l'a écrit, c'est qu'il le croit. Mais où en sommes-nous donc dans nos notions de moralité politique?

Les hésitations (je me contente de ce terme) des d'Orléans nous ont déjà donné Napoléon III; si elles continuent, elles nous donneront peut-être l'humiliation de Napoléon IV, plus certainement, les

rouges, et, pour tout achever, de nouveau les Prussiens. Qu'ils persistent donc, pour passer le temps,
en voyant venir, à jouer au simple citoyen et au mo-
deste député départemental; à faire sans cesse ca-
che-cache de la Chambre aux couloirs, à petite-
ment politiquer; et si, parfois, la pensée de leur
devoir leur vient, à n'y vouloir rentrer *qu'à conditions*, à marchandage. Rien ne presse, leur trop
heureuse patrie peut attendre, et il suffit, pour sa
joie, de les ravoir en son sein. Ils peuvent donc pro-
longer ses angoisses et même songer à loisir à la
diviser encore plus qu'elle n'est. Princes d'Orléans! rentrez dans le devoir (1)!

(1) Il ne s'agit ici, ai-je besoin de le dire, que des personnes
politiques. Les personnes privées, je les respecte, comme c'est
mon devoir; car il est de toute notoriété qu'elles sont hautement
respectables; mais, en politique, on leur a inoculé le virus révolutionnaire, si tenace, si infiltrant, et je crains bien qu'il ait porté
sur les yeux et qu'il soit devenu chez eux *constitutionnel*. M. Hip-
polyte Passy, après son dernier ministère, me disait un jour : Le
roi Louis-Philippe, comme homme privé, est irréprochable; mais,
comme homme politique, il a deux grands défauts : d'abord, il
manque de prévoyance; quand il est tombé dans un mauvais pas,
il est admirable de ressources et d'habileté pour s'en tirer; mais
il retombe dans d'autres; et il manque de sens moral. Quand
l'opposition grondait plus fort, il nous disait : Créez des places;
l'opposition ne redevient violente que parce que je n'ai plus de
places à donner. Ceci peint non seulement un personnage, mais
toute une école politique, école dont les disciples sont de merveilleux débrouilleurs d'enchevêtrements, d'experts liquidateurs au
mieux d'une faillite, plus experts encore à y pousser pour en pro-
fiter; en tous cas, parfaitement incapables de la prévenir et ne com-
prenant absolument rien aux fonctions vitales ni au fonctionne-
ment des principes dans l'organisation politique et sociale. En
méprisant les bons, les vivifiants et conservateurs, en laissant
leur place vide, ils ouvrent moyen aux socialistes d'y insinuer les
destructifs, et, en ce sens, sont leurs précurseurs.

NOTES

Note A. — Quel est le républicain qui ne comprenne pas que le premier intérêt pour la France c'est, d'abord, de mettre la république à l'abri des contestations des partis, *quitte ensuite à la compléter et à la parfaire dans le sens véritablement démocratique.* (*Progrès de Lyon,* 19 octobre 1871.)

Il faut ne donner jamais son opinion que comme un moyen d'accroissement du bien-être général et se faire pour soi-même une sorte de *memento* dans lequel on inscrit, pour les réclamer, *les institutions que le peuple est en droit d'attendre de la république démocratique.* (Gambetta, *Discours de Saint-Quentin.*)

Note B. — Je me trompais, il l'est encore lui-même da-vantage. Dans une note de la 5e édition (car de tels livres vont à cinq éditions), on lit : « Le mot Tolérance est inscrit à chaque page de ce livre. » En effet, et cela doit suffire, comme l'inscription du *mot* « liberté » sur la devise de la ré-publique. « Avec cette inscription, dit l'écrivain, les lecteurs ne supposeront pas le contraste de la doctrine (t. Ier, p. 20). En ceci, c'est aux lecteurs qu'il transporte la naïveté, et c'est elle qu'il réclame d'eux sous le nom de bonne foi. Eh bien ! de bonne foi, ils vous accorderont que vous ne vous contre-disez pas; vous vous couvrez; car, en définitive, ne biaisons plus ! Vous approuvez, vous admirez la révolution, toute vo-tre opinion, c'est la révolution. Or, l'Église catholique était l'obstacle de cette révolution. « Cette Église que l'on propose

de reconnaître pour chef; c'est l'ennemi commun (t. Ier,
p. 152). Le Comité de salut public, en relevant les *vieux autels,* relevait la borne qui empêchait l'avenir de passer (t. II,
p. 101). Robespierre, au lieu d'attaquer l'obstacle permanent
de la révolution (le catholicisme), prend l'obstacle pour l'ap-
pui (t. II, p. 107). Quand Mirabeau portait la révolution dans
sa tête, sans l'abaisser ni devant la cour ni devant l'Assemblée, il avait parfaitement compris qu'il n'y avait pas
de révolution si l'on ne domptait l'ancienne église (t. Ier,
p. 151). »

Non-seulement la révolution voulait la ruine du catholicisme, mais elle ne consistait qu'en cela : « Le mouvement
qui se produisait partout contre l'ancien culte, l'effort de la
France pour en sortir *était la révolution même* (t. II, p. 100). »

L'ardeur des Iconoclastes fut peut-être le seul mouvement
(l'ardeur qui est un mouvement! ce sont des beautés per-
mises seulement à ceux qui savent écrire) dont le peuple ait
pris l'initiative. Des masses, encore à demi-barbares, cherchè-
rent à sortir tumultueusement de la tutelle sacerdotale de l'ancien régime.

La République classique, officielle, disciplinée, littéraire
de Robespierre ne pouvait rien comprendre à cet effort populaire dont elle ne trouvait le modèle ni dans Rousseau ni
Lycurgue. Cela suffit pour qu'elle le condamnât et *avec lui la
Révolution.* L'Église immuable courait un vrai danger, elle
était ébranlée dans ses fondements, le peuple poussé par *une
force qui était la Révolution même,* rejetait le joug des temps
gothiques (t. II, p. 102). »

Etre révolutionnaire et poursuivre la ruine du catholicisme, c'est donc synonyme. Or, par la liberté des cultes et
sans contrainte on n'y serait pas parvenu. « Vous trouverez
que, toutes les fois qu'on s'est contenté, à l'origine d'une révolution, d'établir la concurrence des cultes, l'ancien est resté
le maître (t. Ier, p. 146). Se figurer qu'il eût suffi en 89 de
proclamer la liberté des cultes, qu'elle eût fait son entrée
dans le monde sans conflit, que les passions humaines, l'habitude d'une domination absolue auraient cédé à l'amiable,
c'est écrire pour des agneaux, non pour des hommes (t. Ier,
p. 163). Le 3 ventôse, an III, la Convention proclame solen-
nellement la liberté de conscience : que s'en est-il suivi?

Qu'à la nouvelle de l'affranchissement des consciences, 40,000 communes, c'est-à-dire la France entière, est revenue à l'esprit du moyen-âge ; que la formule de la tolérance a ramené, incontinent, la religion de l'intolérance (t. II, p. 272). La liberté des cultes, c'est la plus magnifique des paroles ; *ça peut être aussi la plus vide.* Que signifiait cette parole toute seule pour la France de 1789 ? Le droit imprescriptible de ne pas sortir du cercle de ses anciennes formes religieuses et, par une conséquence rigoureuse, le droit de faire une révolution qui, ne changeant rien à l'ordre spirituel établi, ramènerait presque infailliblement, sous d'autres noms, le principe constituant de l'ancien ordre politique (t. Ier, p. 148). »

Non-seulement par la liberté on n'y serait pas parvenu à l'époque de la Révolution française ; mais on n'y parviendra jamais. « L'erreur des chefs de la Révolution a été de s'imaginer qu'une ancienne religion disparaît de la terre par la seule indifférence, par la désuétude ou par la discussion. Il n'est pas jusqu'à ce jour, un seul culte si faux, si absurde que vous puissiez vous le figurer, qui ait disparu de cette manière. Tous ceux qui ont cessé d'être sont tombés, non par l'indifférence, mais *parce que l'ordre formel leur a été donné de mourir* (t. II, p. 119). Dès qu'on se mit à subtiliser on fut battu. Si le seizième siècle l'eût pris sur ce ton-là, *il n'eût pas gagné une paroisse. Un novateur commande, impose, foudroie ;* il ne disserte pas (t. Ier, p. 153). Telle est la loi des grandes révolutions qui se sont établies dans le monde (t. Ier, p. 146). Sous les empereurs chrétiens, quand il s'agit d'arracher le peuple d'Egypte aux cultes du Pharaon, toute la nation restait incertaine autour des temples. Un centurion sortit de la foule, il donna le premier coup de marteau au temple d'Isis ; la foule suivit et acheva ce que le centurion avait commencé. Dès ce moment, l'Égypte appartint au monde nouveau. Ce centurion manqua à la Révolution française (t. II, p. 119). »

La commune de 1871 a été plus heureuse ; elle a eu le centurion Mottu !

Toutes ces citations sont, on le voit, les opinions personnelles et absolues de l'auteur et non pas les opinions de son rôle en se plaçant, un moment, dans le système des terroristes (t. II, p. 120). Il n'y en a même qu'une qui soit extraite de ce chapitre de l'hypothèse ; c'est la première citée de la page 119, et chacun peut juger si elle est de circonstance pour l'écrivain. Est-ce aussi une maxime de circonstance que la suivante? « C'étaient les communes, les municipalités qui avaient pris l'initiative (de briser et profaner les vases et ornements sacrés et de dévaster les églises). Le grand pouvoir central écrase, comme à l'ordinaire, *les tentatives d'affranchissement*. Il y substitue ce qu'il a *toujours* appelé l'*ordre*, c'est-à-dire, *le respect de l'ancienne servitude* (t. II, p. 103). »

L'auteur approuve la dévastation des églises; non-seulement en se mettant *un moment* à la place des terroristes français; mais, en thèse générale, c'est le procédé qui a sa prédilection. « Les réformateurs n'avaient pas découragé les brises-images ni les renverseurs de *vieux autels;* ils n'en avaient point fait justice. Les Jacobins les mirent à mort. Qu'est-ce à dire? Les révolutionnaires ont peur de la révolution! Par cette méthode, il est évident qu'aucune des révolutions du monde moderne n'eût pu s'établir (t. II, p. 101).

Se figurer qu'il eût suffi en 89 de proclamer la liberté des cultes, qu'elle eût fait son entrée dans le monde sans conflit, que les passions humaines, l'habitude d'une domination absolue auraient cédé à l'amiable; c'est écrire pour des agneaux non pour des hommes. (Je demande pardon de répéter cette phrase qui ne rend pas ce que l'auteur a voulu dire, car, à la lettre, c'est un non sens; mais elle amène à ce qui suit). Quand les protestants maudissent les premiers actes de la révolution, ils maudissent sans qu'ils s'en doutent, les origines et les actes de la réforme. Partout où elle a éclaté, au seizième siècle, ses premiers actes ont été le brisement des images, le sac des églises, l'aliénation des biens ecclésiastiques, l'injonction d'obéir dans l'intime conscience (*dans l'intime conscience!* il n'y a que des libéraux brevetés, des ennemis des jésuites pour trouver de tels termes) au nouveau pouvoir spirituel; le bannissement, non-seulement des prêtres, mais de tous les croyants qui gardaient l'ancienne Église au fond du cœur. (Etait-ce à ces gens à crier, quand on les persécuta?) Voilà ce qu'a fait la réforme et comment elle a pu s'établir et s'enraciner dans le monde (t. II. p. 163). »

Non, monsieur Quinet, on ne fait pas semblant de se méprendre (t. II, p. 122). On ne se méprend pas sur votre pensée. Nous savons qu'à la place des terroristes ou des saccageurs d'églises, vous n'eussiez pas fait comme eux ; vous eussiez fait comme vous faites aujourd'hui : *insinuer et vous ménager une échappatoire*. Rochefort, dans le *Mot d'ordre*, se contentait de conseiller le sac des églises, il ne l'aurait pas exécuté lui-même, et vous n'êtes pas plus centurion que lui.

Mais, malgré tout, admettons que je me trompe et que vous soyez, d'ores et déjà, converti à la liberté des cultes ; vous renoncez donc à la révolution, puisque vous renoncez à son seul moyen ? Mais nullement, vous voulez, au contraire, la continuer et la parfaire ; c'est le but de votre livre : « Le vrai moyen d'honorer la révolution *est de la continuer*, en portant une âme libre dans son histoire (t. Ier, p. 1). » Et comment alors ? « Par la séparation de l'Eglise et de l'Etat, parce qu'elle est, pour nos temps, *la seule solution pratique de la question religieuse* (t. I, p. 16). » Ce n'est donc pas une mesure neutre, une simple mesure de bonne règle administrative (selon vous), que vous demandez là. C'est une arme, et d'autant plus certainement que cette simple séparation, d'après votre propre aveu, ne serait pas dommageable au catholicisme. « Chose frappante ! la liberté des cultes par la séparation de l'Église et de l'État, après le décret de ventôse de l'an III ; qu'a-t-elle produit en réalité ? le triomphe de l'ancienne Église (t. Ier, p. 163). Qu'y a-t-il donc là-dedans, aujourd'hui ? L'espoir de parvenir par l'État à atteindre l'Église, à la détruire, sinon par les voies sanglantes, ce qui ne va plus à votre tempérament ou plutôt à votre sagacité (le sang se voit et les victimes en criant avertissent), mais par le dépouillement et l'épuisement légaux. Dépouillement pécuniaire du clergé, dépouillement moral des citoyens, exténuation religieuse des enfants par privation d'aliments scolaires ; tout cela, il est vrai, en plein air de liberté ; insensiblement et sans violences. Des violences physiques, fi donc ! nous ne sommes plus au barbare moyen-âge, nous sommes des éclairés. Oui, vraiment ; aussi ne pouvant plus être de francs meurtriers, vous voulez devenir de doucereux et scientifiques exténuateurs. Ne pouvant plus par la force directe, vous voulez par la ruse détournée. En quoi valez-vous mieux que vos devanciers, et M. Quinet, pourquoi vous offensez-vous d'être soupçonné de vouloir qu'on procède comme eux ? Il

était réservé à ce temps de prétendre à faire regarder la du-
plicité. le *sans en avoir l'air* comme un progrès sur la fran-
chise d'allures. O progressistes! ô renouveleurs de morale!
On ne tue plus les pères, barbarie! on exténue les enfants. A
la bonne heure! Voilà l'humanité.

Il est vrai que vous dites ceci : « A la fin du dix-huitième
siècle, il était trop tard, les esprits avaient contracté une
roideur qui ne permettait que bien difficilement de renouveler leurs croyances (t. II, p. 411). »

Mais un écrivain dans lequel vous avez autant de confiance
qu'en vous-même, dit de son côté : « Parmi les hommes qui
ont arraché par la violence, leur pays aux formes religieuses
du moyen-âge; je n'en vois pas qui se soient trouvés, à cet
égard, dans une situation meilleure que les hommes de la
révolution française. Quand Henri VIII a enlevé l'Angleterre
à la papauté; il touchait encore au moyen-âge, il avait à
lutter contre les forces toutes vives du passé, et pourtant, il
réussit à transporter en peu d'années son peuple d'un rivage
sur un autre. La même chose est arrivée en Hollande, en
Suède, en Danemark, où sous l'impulsion de l'autorité, des
nations entières ont renoncé, en une nuit, à leurs anciennes
institutions religieuses. Si l'on se représente combien les
anciennes croyances de la France avaient été ébranlées dans
les esprits au moment de la révolution; il semble donc que
le catholicisme courait alors un danger bien autrement grand
que sous Henri VIII; et, puisque les terroristes n'ont point
tenté un changement de religion ou un renversement, c'est
qu'ils n'ont pas cru cela nécessaire (Edgar Quinet, *la Révolution*. t. II, page 114). »

Quel dommage! si ce n'était pas ce dernier écrivain qui
eût raison. Quel dommage! si le temps était passé d'*extirper*
notre religion pour créer « l'ordre nouveau, » cette belle
chose si précise, « renouveler l'ordre moral, » rien que cela!
« régénérer le monde. » De plus fort en plus fort! si le
temps était passé de « sortir de l'Église pour la dominer de
toute la hauteur de l'humanité moderne. » Ouf!

Tenez, monsieur, vous avez raison de si fort louer ce passage de Vergniaud, que vous citez à la page 92 de votre
tome IIe et de reconnaître en lui et ses amis, les seuls révolutionnaires. « Lorsque la Constituante donna la première

impulsion à la liberté ; il a fallu faire cesser l'affreuse intolérance qui s'était établie et, pour détruire des préjugés qu'on ne pouvait attaquer de front, consacrer le principe de la tolérance. Déjà c'était là un grand pas ; mais aujourd'hui, nous ne sommes plus au même point. Les esprits sont dégagés de leurs honteuses entraves, nos fers sont brisés et, dans une déclaration des droits sociaux, je ne crois pas que nous puissions consacrer des principes absolument étrangers à l'ordre social. »

C'est bien cela ! nos fers sont brisés ; rivons ceux des autres. Nous avons demandé la liberté pour pouvoir supprimer celle des autres. Quand je dis que c'est là le libéralisme des républicains !

Note C. — Quelqu'un de nous ; un magister en disponibilité sans doute ; a dit que tous les Français étaient des ignorants, et, aussitôt, tous les ignorants Allemands de se jeter sur le mot et de le dresser devant nous pour masquer leur propre ignorance, aussi grande que la nôtre (la lecture et l'écriture ne sont que des instruments), et plus insupportable à cause de leur lourde suffisance.

S'il s'agit du peuple, je ne sache pas, en effet, que le paysan allemand ait appris et pratique de meilleures et plus scientifiques méthodes de culture ; en un mot, entende mieux l'économie rurale que le nôtre. L'agriculture allemande fait-elle autorité ? Pour la brutalité, l'inhumanité et la déprédation, inutile de comparer, n'est-ce pas ? Et quant à l'ouvrier allemand, j'ai entendu parler de sa plus grande assiduité et exactitude au travail, ainsi que de la modération de ses prétentions, mais je n'ai jamais ouï-dire qu'il fût plus intelligent, plus adroit ni même plus instruit dans sa partie que le nôtre ; bien au contraire, et ce n'est pas parmi les Allemands que se recrutent les contre-maîtres, les chefs d'ateliers ; les ouvriers d'élite.

Si l'on passe à leurs doctes, il faut reconnaître qu'ils se renferment plus strictement que les nôtres dans *les formes* de la dialectique ; mais sans en être meilleurs dialecticiens pour cela ; car se fiant tout à fait à l'instrument, et ne s'arrêtant jamais pour le contrôler par le bon sens, ils vont aboutir, sans sourciller, à des monstruosités. En les appelant « les rêves allemands » on commet un coupable euphémisme.

Avec une langue plus précise et plus sévère, ils jalonne-
raient mieux leur route et s'égareraient moins ; mais c'est
justement ce qu'ils ne veulent pas. Chaque philosophe ou
savant allemand commence par créer son vocabulaire et plus
détourné de sa propriété, plus inattendu, plus obscur ou
flottant est le mot ; plus profond paraît l'auteur qui, guidé
par ses expressions complaisantes, peut s'égarer à plaisir et
nager en pleine fantaisie, tout en conservant les formes
graves du pédantisme scolastique.

Traduisez-les en langue claire, il n'en reste, le plus souvent, que des œuvres de cuistres prétentieux ou des insanités
communes, depuis longtemps réfutées et rebutées ailleurs.
Mais sous leur enveloppe, leur règne dure au moins tout le
temps qu'il faut pour les comprendre ; ce qui leur ménage
une longue période pendant laquelle ils font école et ont des
croyants. Quand un livre de philosophie, disait l'Allemand
Heine, est publié dans mon idiôme germanique, j'attends,
pour le lire, qu'il soit traduit en français.

Dans les sciences pures, ils sont patients, méticuleux, ce
qui les fait atteindre quelquefois à des découvertes de détail
importantes. Le bœuf, en creusant lentement son étroit
sillon, parfois met au jour une pierre précieuse ; mais rare-
ment ils ont assez d'ampleur pour embrasser toute la science
qu'ils étudient et en donner une configuration complète.
Humboldt lui-même a échoué misérablement dans sa généra-
lisation du *Cosmos*.

Grâce à une imagination puissante, féconde et librement
vaporeuse ; ayant à son service une langue complaisante dont
les mots, outre leur sens principal, réveillent encore dans
l'esprit leurs acceptions secondaires même les plus vagues,
comme une corde de musique dont le son s'étend dans l'espace d'alentour en ondes de moins en moins sonores, une
langue, dis-je, qui suit l'imagination jusqu'au bout de ses
plus lointaines comme de ses plus bizarres ou brillantes fantaisies ; les Allemands ont dû avoir et ont eu, en effet, de
grands poètes, et l'on s'étonnerait de ce qu'ils n'en possèdent
plus, si l'on ne savait qu'ils ont dans leur organisation une
épaisse couche matérielle qui a fini par envahir le domaine
de l'idéalité et l'étouffer. L'Allemand avait une tête poétique,

mais il a un gros ventre qui ne l'est pas du tout, et qui a fini par remporter la victoire en ruinant le vaincu; selon l'habitude nationale. (L'Allemagne jadis si éprises de théories abstraites, se pique maintenant d'envisager toutes les questions par leur côté pratique. *Journal de Genève,* 13 octobre 1871. Correspondance de Stuttgart.)

Sur tous, sur leurs savants, leurs penseurs et même leurs philosophes, nous avons eu trop bonne occasion de voir si l'instruction avait eu l'effet qu'on en attend, de les rendre plus raisonnables, plus civilisés et plus humains, et nous avons acquis cette certitude que ce n'est pas en Allemagne qu'avoir fait ses études est synonyme d'avoir fait ses humanités. Tous ces gens sont éclairés, mais éclairés au pétrole, qui est délétère quand il n'incendie pas.

Note D. — L'événement n'a pas tardé à confirmer mon assertion, car je lis dans le compte rendu des séances du congrés des vieux catholiques (anti-infaillibilistes) à Munich, par le correspondant du *Journal de Genève,* 1ᵉʳ octobre 1871 : « M. Huber, chargé par ses collègues d'exposer la mission du congrés, s'acquitta de sa tâche avec une admirable éloquence. Nous poursuivons à la fois, dit-il, un but religieux et *un but politique.* Nous voulons achever l'édifice si glorieusement commencé sur les champs de bataille et nous consacrer tout entier à l'œuvre magnifique que nous a assignée la providence. »

Le rapporteur de la réunion protestante (protestantenverein) à Darmstadt s'exprime dans les mêmes termes et ajoute explicitement qu'il a des raisons de croire que M. de Bismark favorise leur œuvre. Voici la dixième thèse adoptée à l'unanimité, par le congrès, dans sa séance du 5 octobre. « Le but supérieur que doit poursuivre le protestantisme est *la fondation d'une église nationale allemande.* Elle est devenue une nécessité morale pour que le nouvel empire allemand puisse remplir sa mission historique, de même que le christianisme ne pourra déployer qu'en elle seule la plénitude de sa vie divine. »

Le correspondant du *Journal de Genève* ajoute : « Plusieurs membres de la gauche se proposent d'adresser dans la prochaine session du Reichstag une interpellation au Conseil fédéral et sont résolus à lui demander les mesures les plus énergiques pour la solution définitive de la question religieuse dans le sens des congrès de Munich et de Darmstadt. Le prince de Bismark, d'après des renseignements puisés aux meilleures sources, *serait disposé à leur donner pleine satisfaction à cet égard* et ne craindrait point d'ajouter à toutes ses autres gloires celle d'avoir équitablement réglé les rapports de l'église et de l'État. » (Correspondance du 8 octobre de Darmstadt, dans le *Journal de Genève* du 18.)

Note E. — Voici, du reste, le passage entier (page 17) : « Au moment de la déclaration de la guerre à la Prusse, j'habitais Genève et j'y avais des relations assez étendues avec les émigrés français de 1851. Je peux affirmer qu'au lendemain de la catastrophe de Sedan ils sont tous partis, malgré l'âge avancé de plusieurs d'entre eux, pour offrir à la patrie leur sang et leur vie, et plusieurs sont morts sur le champ de bataille. Quoique Français, *c'est aux Prussiens qu'ils souhaitaient la victoire* dans la première bataille, car c'est de l'anéantissement de l'armée française qu'ils attendaient la chute du dispotisme. Au lieu de recourir à la guerre civile, pour renverser le tyran, ils préféraient l'attendre d'une catastrophe qui verserait le sang des suppôts de l'Empire et amènerait le peuple à présider lui-même à sa défense. »

Note F. — On lit dans le *Temps*, du 2 octobre 1871, à propos du *suffrage universel.* « Il faut, en outre, qu'il n'excède pas sa compétence et ses pouvoirs naturels, en prétendant statuer sur un avenir lointain, qui ne saurait appartenir aux hommes d'aucune génération. » (Commentaires sur le rapport de M. Simon, de Trèves, au congrès de Lausanne, séance du 29 septembre.) Au reste, le *Temps* s'est répété souvent là dessus. C'est sa thèse habituelle.

Paris. — Imp. Balitout, Questroy et C", 7, rue Baillif, et 18, rue de Valois.